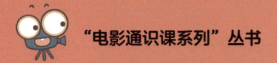

"电影通识课系列"丛书

U0573895

穿越梦工厂：
电影历史

主编◎胡伟　副主编◎丁洁

北京师范大学出版集团
BEIJING NORMAL UNIVERSITY PUBLISHING GROUP
北京师范大学出版社

编写人员名单

主　　编：胡　伟　　　　　　特约美术编辑：史力如

副主编：丁　洁　　　　　　动漫角色设计：王小薇

编　　委：张逸凡　郑　乐　　特约书籍设计：牛　津

特约校对：刘健榕

中小学生人文素养及影视戏剧教育研究

我国著名教育家、教育学家，中国教育学会原会长顾明远先生亲笔题字，表达了对中小学生人文素养及影视戏剧教育事业的悉心关爱和殷切期望。

目录Contents

穿越梦工厂：电影历史

序　言

　　为了深入贯彻党的二十大精神，落实习近平总书记关于提高学生审美和人文素养等重要讲话精神及教育部与中宣部印发的《关于加强中小学影视教育的指导意见》，在"双减"形势背景下更好地普及中小学影视教育，并将其切实纳入中小学教学计划，在教育部教育装备研究与发展中心①的指导下，针对中小学影视教育的"电影通识课系列"图书《穿越梦工厂：电影历史》终于面世。

　　由电影导演、北京师范大学电影学教师胡伟及中国图书馆学会中小学图书馆分会委员丁洁领衔的编委会，汇集多位资深影视教育学专家及一流视觉设计团队，由中国电影博物馆提供史料支持，融合扎实的学术底蕴与先进的教育理念，精心打磨出这本内容专业、形式活泼、图文并茂的少儿读物，不仅能让孩子们领略电影的魅力，还配以大量手工实践活动，让孩子们在潜移默化中、在体验参与中，得到审美、人文素养的提升。

　　在影视课程被正式纳入基础教育"新三科"的背景下，"电影通识课系列"丛书的面世是对我国基础教育改革进入"五育并举、融合育人"新阶段的良好回应。

---

① 教育部教育装备研究与发展中心于2022年并入教育部教育技术与资源发展中心。

1 第一课 我们的生命被延长了3倍：
电影的诞生

小光，你知道吗？无论马儿跑得有多快，它总有一只马蹄是着地的！

小影，不可能，它一定有四脚同时离地的时候。

你们争论的这个问题，在我卡梅拉看来，其实在100多年前就有答案了，让我们看看人们是怎么解答这个问题的吧！

一、让静止的图片动起来！

19世纪70年代，在美国加利福尼亚州，人们针对"马在奔跑时是否会四脚离地"这一问题展开了一场激烈的辩论。由于马跑得太快，人们根本无法看清马蹄的落地情况，辩论也没能得出一个准确结果。

此时，英国摄影师埃德沃德·迈布里奇（Eadweard Muybridge）认为可以通过摄影解决这个问题。他将12台照相机排列成一排放在跑马赛道一侧，连续拍摄了12张马在奔跑时的照片，记录下了马运动中的每一个分解动作。

埃德沃德·迈布里奇

其中一张照片捕捉到马四脚离地的瞬间，这场辩论终于得出了结果。但这并不是这组照片最有价值的地方——后来，这个摄影师将这组图片按顺序贴在一块玻璃圆盘的边缘，并在上面覆盖一个带孔圆盘组装成一盏放映灯，将照片的影子投射在白幕上。此时转动两块圆盘，人们惊奇地看到，马在白幕上跑了起来！

"视觉暂留"原理

其实，静止的图片能动起来是利用了人类眼睛的生理特点——当人眼看到的物体消失后，停留在视网膜上的画面不会立刻消失，它会在你的脑海中停留0.1～0.4秒的时间，这被称为"视觉暂留"原理。

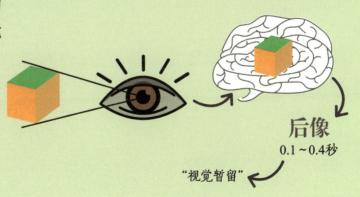

后像
0.1～0.4秒

"视觉暂留"

3

让我们通过这张图片亲身感受这一原理的存在

找一张黑白人像图片，紧盯着这幅图片的中间看15秒，然后看向天花板或白墙，眨眨眼睛，你是否能看到一个人像清晰地出现在墙上？

如果将一张张静止的照片在人眼前连续快速放映，停留在视网膜上的前一个画面还没有消失，下一张略有差别的画面又出现了，所以看上去感觉动作是连续的。

所需材料：
- 白色硬卡纸
- 黑色硬卡纸
- 圆规
- 彩色铅笔、马克笔
- 剪刀
- 胶水
- 细木棒
- 一个木制瓶塞（拦腰切成两半）
- 12幅动作连贯的照片

我们可以亲自动手做一个小手工，看看静止的图片是怎样动起来的！

Quick Tip

1 在黑色硬卡纸上画出并剪下一个直径为25厘米的圆形。

沿圆形卡纸外缘做12个距离相等的标记，用剪刀在每个标记处剪出一个切口（宽0.8毫米，长4厘米）。

把裁好的黑色圆形卡纸放在白色硬卡纸上，描出轮廓。

2 在白色卡纸上贴上12幅动作连贯的照片。

将两个圆盘粘起来，在圆心处钻一个孔。

拿出已经准备好的两截瓶塞，把其中一个固定在细木棒顶端，推入2厘米即可。木棒另一端穿过圆盘圆心处的孔，用第二块软木塞来固定圆盘的另一侧。

现在，请站在镜子前转动圆盘，透过切口来看镜子中的圆盘，就能看到静止的图片神奇地动了起来！

二、世界上第一部电影的诞生

现在人们已经知道静止的图片可以变成会动的画面，但想要创造出真正的电影，还要经历几个阶段的探索。

1888年，乔治·伊士曼（George Eastman）发明了一种材料取代以前的照相纸，这种材料就是电影胶片。胶片可以记录一格格连续的画面，只要找到合适的拉动胶片的方式，这些画面就可以动起来。

影片《天堂电影院》中展示的电影胶片带

1891年，发明家托马斯·爱迪生（Thomas Edison）在获得一些胶片之后，发明了一台"电影视镜"。虽然这个机器可以让人们看到连续的画面，但人们最多只能看到20秒的影片，而且只能透过一个小小的圆孔独自观看。

1894年，法国的一对名叫卢米埃尔（Lumière）的兄弟受到了爱迪生的启发，发明了世界上第一台手提式"活动电影机"。这是一种既能摄影又能放映的机器，它能拍摄超过20秒的电影，更重要的是它能将画面投射到巨大的墙上，供多人一起观看。

这台电影机内部配有一个摄影镜头，在拍摄时，每秒能拍下16张图片，并使这些图片形成连续的画面。

机器如果配一个放映镜头，装上胶片后，用灯泡照射机器，光穿过胶片和镜头就可将胶片上的图像放映在墙面或幕布上，摄影机就神奇地变为放映机了。

1895年12月28日，卢米埃尔兄弟在大街小巷宣传他们的拍摄成果，无论是谁，只要付1法郎就可以观看他们制作的影片。闻讯而来的人们聚集在巴黎一家咖啡馆的地下室观看了《工厂大门》《火车进站》等12部短片。

在观看《火车进站》时，人们看着银幕上的火车从远处开过来，一位女士捂住自己的胸口惊呼着，她在那一刻误以为火车真的要从银幕里冲出来了。

这些时长1分钟的无声短片，只是记录了人们日常的生活场景，但这已给当时的观众带来了足够的视觉冲击。

卢米埃尔兄弟所拍摄的影片
《工厂大门》里的画面

从1895年12月28日这一天开始，电影就真正诞生了。没过多久，很多地方都建立起了大大小小的电影院，人们逐渐养成了集体看电影的习惯，电影也慢慢地走进了日常生活。

动动脑：在发明电影的过程中，什么原理起到了至关重要的作用呢？

IDEA:

动动手：请同学们开动脑筋，和爸爸妈妈一起试着拍摄12张照片，用手机软件将它们制作成一个小视频吧！

HAND:

拓展故事：
卢米埃尔兄弟——电影和电影放映机的发明者

卢米埃尔兄弟，哥哥是奥古斯特·卢米埃尔（Auguste Lumière），弟弟是路易斯·卢米埃尔（Louis Lumière），是电影和电影放映机的发明者。

奥古斯特·卢米埃尔和路易斯·卢米埃尔是一对亲兄弟，他们的家族公司是欧洲最大的摄影底片制造商。1894年，一位商人邀请他们拍摄一些比爱迪生卖价更便宜的短片，于是卢米埃尔兄弟开始研制电影放映机。他们想要制造出一台轻便的摄影机，但始终找不到拉动胶片转动的方法。

1894年的某个深夜，弟弟路易斯在工作时忽然想到了缝纫机的使用原理：当缝纫机针插入布料时，布料不动；当缝纫机针缝好一针向上收起时，布料会向前挪动一下。而这种设计正好符合胶片转动的要求。

由此，卢米埃尔兄弟发明了世界上第一台手提式"活动电影机"，并且用这台机器拍摄了世界上最早的一批电影，因此他们被称为"电影和电影放映机的发明者"。

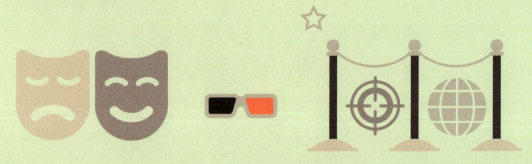

1895年12月28日，他们在巴黎的一家咖啡馆里举行了第一次电影放映，穿着时髦的顾客们坐在咖啡馆里，观看了卢米埃尔兄弟拍摄的短片。这场放映在当时引起了巨大的轰动，他们的生意发展迅速，仅仅几周时间，已经达到了一天20多场的放映需求量，观众们在现场都排着长队等待观看他们的电影。这对兄弟迅速抓住机会，派人到世界各地去放映电影。1896年8月，卢米埃尔兄弟派出的放映员来到中国上海，在一场杂耍表演中放映了电影，由此电影正式被引入中国。

虽然他们的放映非常成功，但卢米埃尔兄弟觉得电影只是一种短暂的潮流，并没有什么前景。同时，卢米埃尔公司也遭到了一次沉重打击——在1897年的一场放映中，一面窗帘被放映灯点燃了……此后多年，很多人都不敢再去电影院看电影，卢米埃尔的生意因此变得惨淡。1905年，在电影市场上出现了更多竞争者之后，卢米埃尔兄弟最终停止了电影制作，不再拍摄和放映电影。

THE END

电影的发明

使我们的生命至少延长了3倍。

——中国台湾电影导演杨德昌

电影《天堂电影院》剧照

第二课 痴迷于造梦的电影魔术师：
乔治·梅里爱

我知道你是怎么做的，你把鸽子藏到了身后！

我给你变个魔术，让这只鸽子消失。

在电影中，不需要把鸽子藏起来，也可以让它消失。

在卢米埃尔兄弟发明了电影和电影放映机之后，很多人开始尝试拍摄电影，但他们只会用电影简单地记录现实生活。在20世纪初，一个名叫乔治·梅里爱（Georges Méliès）的法国人改变了这一局面，他偶然发现电影不仅可以还原现实，还能创造出像魔术一样的幻觉。

一、"停机再拍"的拍摄方法

法国魔术师梅里爱在看过卢米埃尔兄弟的电影后，决定把电影加入自己的表演中。在一次拍摄中，梅里爱的摄影机出现了故障，部件卡住胶片使得记录在胶片上的马车瞬间变成了一辆运棺材的马车。

乔治·梅里爱

在那一刻，梅里爱意识到电影可以骗过我们的眼睛，创造出现实中不存在的景象。1896年，他在拍摄电影《消失的女人》时使用了这一技术。

梅里爱在拍摄这一场景时，首先拍摄一个女人的画面，然后关掉摄影机，在同样的位置换上一个道具，再次开机。这样，在胶片上记录的就是女人变成道具的画面。

电影《消失的女人》剧照

梅里爱在1896年发明的这种新的拍摄方法叫作"停机再拍"。在此之前，人们只会拍摄一个单一的场景，而梅里爱让人们了解到，原来在一个场景中，拍摄一段时间之后关掉摄影机，这时改变场景中的内容继续拍摄，电影就会创造出很多魔幻场景！

二、各式各样的电影场景

人们在现实生活中拍摄电影时，并不一定能拍到自己想要的内容，很多场景是无法控制的。以《火车进站》和《工厂大门》为例，摄影师无法控制火车什么时候开过来，人什么时候从工厂里走出去。

为了保证能拍摄到自己想要的内容，梅里爱建立了一个封闭的玻璃屋，这便是世界上第一个电影摄影棚。

工人们在建造摄影棚的照片

这间屋子像一块立体的画布，梅里爱可以在屋子里随意布置场景，拍摄复杂的画面。

梅里爱在摄影棚里布置拍摄的电影画面

三、电影特效的出现

1902年，梅里爱拍摄了世界上第一部科幻电影《月球旅行记》。

这部影片讲述了一个有趣的故事：一群科学家乘坐太空舱到月球上，被一个神秘种族的人监禁，最后终于逃了出来。

彩色修复版电影《月球旅行记》

电影《月球旅行记》中的"月亮叔叔"

在这部电影中，梅里爱将月球的画面与一张人脸的画面叠在一起，此时画面中就出现了一个会动的"月球叔叔"。

这种做法叫"叠印"，它可以把电影中的两个画面合成一个画面，创造出一个崭新的电影形象。

叠印

从"停机再拍"到"棚拍"再到"叠印"，梅里爱改变了电影的拍摄方式，让人们意识到电影创作者不仅仅是生活的记录者，也可以成为世界的创造者。从此以后，电影展现出叙事的能力，成为深受大众喜爱的"造梦机"。

动动手：请同学们发挥创造力，在下面三个画框中贴上附录二（一）里的贴画。

HAND：

例如：

1   2   3

请注意：不同画面中出现相同物体时，请保证它们体积一致。

比如，在第一个画框中贴上一条在鱼缸里游泳的小鱼，第二个画框中贴上一个空鱼缸，第三个画框中贴上一只停在鱼缸里的小鸟。把这些画面拍下来，导入手机软件中，你就能看到小鱼突然消失，而小鸟出现在鱼缸里啦！

 将你贴好的3幅图画拍摄下来，依次导入剪辑软件中，将每张图片停留时间设置为3秒，然后生成视频。看看你有没有创造出魔幻场景。

拓展故事：
电影魔术师的一生

法国人乔治·梅里爱是一位拥有自己的剧场的魔术师。1895年，他在观看卢米埃尔兄弟所放映的影片后，被电影深深吸引，决定在节目表演中加入电影元素。经过一番研究，梅里爱成功制造出了自己的摄影机，并正式开始拍摄电影。

一开始，梅里爱模仿卢米埃尔兄弟，用一个固定机位的单镜头拍摄影片。一次，梅里爱在放映影片时发现一辆行驶的马车忽然变成了运棺材的马车，他感到惊奇和迷惑。原来那天在拍摄时，胶卷因机器故障被卡住了，解决故障继续拍摄时，一辆运棺材的马车恰好行驶到原来马车的位置上。

这次偶然的事故使身为魔术师的梅里爱脑中灵光一闪，发明了"停机再拍"的方法。

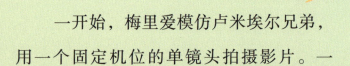

　　紧接着，他搭建了自己的摄影棚，探索出各种新奇的拍摄方式。梅里爱一生中拍摄的影片数量高达500多部。在那个年代，梅里爱的影片风靡一时。而1905年之后，人们看腻了这种特效画面。面对更大的公司的竞争，梅里爱不再那么幸运，他负债累累，最终停止了电影制作工作。后来，他在妻子的糖果店和玩具店工作数十年，于1938年逝世。

　　梅里爱是电影技术发展的先驱，他所拍摄的影片奠定了故事电影的基础。为了纪念梅里爱，人们修复了他的电影，给那些黑白的画面重新填上颜色。导演马丁·斯科塞斯（Martin Scorsese）还拍摄了电影《雨果》向梅里爱致敬。《雨果》于2011年上映，讲述了关于梅里爱的有趣故事。如果想更多地了解这位电影大师，同学们可以在课后观看《雨果》这部影片哦！

电影《雨果》剧照

THE END

作为一个电影创作者，
我认为今天有关电影的一切都是
源自乔治·梅里爱。
——美国电影导演马丁·斯科塞斯

以梅里爱经历为蓝本的
电影《雨果》剧照

③ 第三课 让电影成为一门艺术：
大卫·格里菲斯

在20世纪初，如果人们想要看清电影里演员的表情，不仅需要演员表演夸张，也需要观众坐在离画面非常近的地方，因为演员在画面中占比实在太小了。

梅里爱的电影《罗马帝国的火刑》剧照

而此时，一个名叫大卫·格里菲斯（D.W. Griffith）的美国人为自己的电影打出广告语，宣称他的电影可以让观众既能看到演员丰富细微的表情，又能看到宏大壮观的场面。

哈哈！
我的电影天下无敌！

一、靠近演员的脸

大卫·格里菲斯

格里菲斯出生在美国的一个乡村家庭，他的梦想是当一名剧作家。但在格里菲斯进入电影公司之后，却阴差阳错地成为一名演员。在一次影片拍摄中，导演突然生病，于是格里菲斯被任命为导演进行拍摄，这也成了他电影制作生涯的开端。

当时的大多数电影还习惯于让演员的整个身体出现在画面中，而在格里菲斯的影片中演员的脚已经开始常常超出画面了。起初，人们以为这是格里菲斯的疏忽，却不知道他是故意这样安排的。

埃德温·鲍特（Edwin Porter）的电影《火车大劫案》剧照

格里菲斯的电影《不变的大海》剧照

25

1915年，格里菲斯拍摄了电影《一个国家的诞生》。这是美国第一部票价高达2美元的影片。它在上映后连映620场，受到观众的热烈欢迎，成为世界上第一部真正意义的商业大片。

在这部电影中，格里菲斯大胆地拍摄了演员面部的特写镜头，让演员的脸铺满了整个画面。

电影《一个国家的诞生》剧照

　　在格里菲斯之前没人敢这样拍摄，因为大家都觉得电影应该展现完整的场景，而不是场景的局部。而格里菲斯在拍摄电影时发现，人物在电影画面中所占面积的不同对表现效果影响巨大。如果一个女人在画面远处哭泣，观众看到可能没有什么感觉，但如果这个女人离观众很近，观众会很容易被她打动。

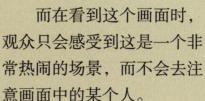

而在看到这个画面时，观众只会感受到这是一个非常热闹的场景，而不会去注意画面中的某个人。

电影《党同伐异》剧照

　　格里菲斯让人们看到了电影与舞台剧的区别：在舞台剧中，舞台和观众的位置是不变的，因此观众所看到的场景没有远近与角度的变化。而电影创作者可以改变摄影机的位置，利用镜头创造出不同的效果，自由地向观众呈现自己想要表达的内容。

二、将镜头组接起来

此前，梅里爱让人们明白在电影拍摄中可以先单独拍摄几个不同的场景，然后把不同的场景组接起来，形成有变化的故事。如果我们把每部电影看成一个整体，那么在梅里爱时期，大多数电影的最小单位就是场景。而格里菲斯等人改变了这一局面，他们使电影的最小单位从场景变成了镜头，将一个个不同的镜头组合在一起，就构成了我们所看到的电影。

什么是镜头？

我们把摄影机从**开机**到**关机**所拍摄下来的一段连续的画面，也就是两个剪接点之间的片段，称为一个镜头。

组接电影镜头的过程就是剪辑。人们通过剪辑把镜头组合成完整的电影。一名合格的剪辑师要保证观众在看到这些画面时感觉流畅、不突兀。

电影《党同伐异》剧照

比如，这两幅画面里的人物、场景是一样的，区别只在于人物在画面中占据空间的大小。观众看到第一个画面，了解到男人、女人所处的环境和他们之间的关系；而观众看到第二个画面，看清了男人悲伤的神情，并且这些画面拼接在一起时看起来十分自然，观众不会觉得突兀。

三、景深镜头的使用

观看下面两幅画面，你能看出相比第一幅画面，第二幅画面中的男人离我们更近了吗？

电影《一个国家的诞生》剧照

电影《党同伐异》剧照

格里菲斯发现，创作者可以安排人物在一个画面中朝我们走近，或者走向相反的方向，这样呈现出的画面层次更加丰富。观众在观看时，也会不自觉地被走动的人吸引。

你们在看下面这幅图片时，第一眼会看到什么？

我先看到了后面那两个粉色虚线框中正在跳舞的人。

我先看到了离我最近的蓝色虚线框中熟睡的婴儿。

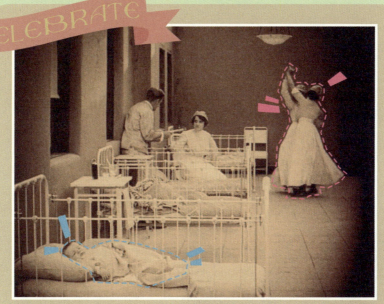

电影《党同伐异》剧照

在电影中，一般把离观众近的人或环境叫作"前景"，比如这幅画面中的婴儿。把离观众远的人或环境叫作"后景"，比如这幅画面中跳舞的两个人。

这种富有层次感的画面，叫作"景深镜头"。格里菲斯在拍摄中大量使用这种镜头。景深镜头让观众在看电影时得到了更多信息，也拥有了更广阔的选择空间。也就是说，不同的观众可能会注意到同一幅画面中不同的人物和事件。

四、电影叙事的创新

格里菲斯不仅改变了电影镜头与画面的构成，还在电影叙事上进行了创新。以前人们用电影讲述故事时，会按照事件发生的时空顺序依次展现场景。而格里菲斯发现，电影中的时空可以被人们自由地拆分和重组。

在格里菲斯的电影《孤独的别墅》中，就有一段这样的情节：一个男人打电话回家，得知一群劫匪正要闯进一间屋子，而自己的妻子和女儿都被堵在那间屋子里，于是他赶忙去解救家人。电影在3个场景中不停切换——着急赶车的男人、屋外的劫匪及被困住的家人。

电影《孤独的别墅》中
赶回来营救家人的男人

如果我们把男人、家人、劫匪的故事看作3个独立的事件，这3件事其实是同时发生的。在以往的大多数电影中，人们会依次展开这3个事件，好像这3件事情是接连发生的。

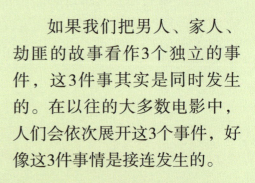

电影《孤独的别墅》中
想要闯进屋子里的贼

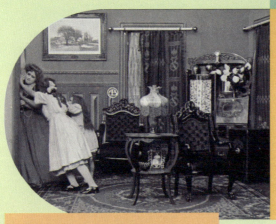

电影《孤独的别墅》中
困在屋内、受到惊吓的家人

但在电影中，格里菲斯创造了一种新的讲述方式：他快速切换着这3个事件的画面，让它们在电影中呈现出同时发生的效果。

当人们看到凶悍的盗贼马上就要把门推开，屋子里的女人越来越惊慌，而赶来营救的丈夫还在路上时，观众也随着这些不停切换的画面紧张到了极点。

一位女士在观看完电影后长舒了一口气，她由衷感叹道："她们终于得救了！"

这种由格里菲斯首创的电影叙事方式叫作"最后一分钟营救"，是指在电影中将发生在不同地点的场景交替展现，打破传统戏剧叙事原则，创造属于电影的时空叙事方式。

正如在文学作品中，完成表达的媒介是文字，在电影中，完成表达的媒介则是电影语言。正是因为格里菲斯创造了独特的电影语言，电影才得以成为一门真正的艺术。

1 MINUTE

动动脑：与我们坐在剧场中观看一部舞台剧相比，电影的特别之处在哪里呢？

IDEA:

拓展故事：
两部名作的不同命运

1915年格里菲斯拍摄了电影《一个国家的诞生》，1916年拍摄了电影《党同伐异》。这两部电影展现出了当时电影技术的最高水准，被誉为美国电影历史上两部不可企及的丰碑巨作。然而，这两部电影上映后却面临着截然不同的命运，这一结果也彻底改变了格里菲斯的电影职业生涯。

为了拍摄这两部电影，格里菲斯筹备了5年的时间。在刚刚开始拍摄《一个国家的诞生》的时候，格里菲斯非常兴奋，他热情地投入到创作之中，几乎消耗了自己的全部精力。

1915年2月，这部电影终于制作完成，一共花费了50万美元。在电影上映之后，格里菲斯的努力得到了回报，《一个国家的诞生》不仅收获了创历史纪录的电影票房，而且引起了全国范围的讨论。自此，情节剧和史诗大片成为美国重要的电影类型。

紧接着，他开始拍摄电影《党同伐异》，为了完成这部史诗大片，格里菲斯几乎花光了积蓄。他在洛杉矶搭建了宏伟的宫殿和城墙，光是四周的尖塔就高达70米。同时，在某一场戏里，他还召集了成千上万的群众演员。

　　1916年9月5日，《党同伐异》上映了。观众们激动地走进电影院，却发现根本看不懂这部电影——因为电影中的剪辑和叙事方式实在太新颖了。同时，人们也不认可电影中展现出来的思想，因此反对这部电影的声音越来越大，以至于最后很多城市不得不封禁了这部电影。

　　由于这次失败，格里菲斯身负巨债，遭到了大量的批评与嘲笑。1931年，格里菲斯完全退出了电影界。晚年的他穷困潦倒，几乎被电影行业和观众彻底遗忘。

　　直到很久以后，人们再回看这部电影时，才发现格里菲斯的想法有多么超前。著名导演奥森·威尔斯（Orson Welles）说："这一失败同时也是电影史上最大的成功。"因为这部电影大胆探索出电影创作的各种艺术手法，大卫·格里菲斯也终于在历史的洪流中得到正名，被人们誉为"美国电影之父"。

电影《党同伐异》中的宏大场面

THE END

电影不仅摆脱了空间的限制，

而且摆脱了时间的限制。

——美国哲学家苏珊·朗格（Susanne Langer）

电影《党同伐异》剧照

4 第四课 "1+1>2" 的神奇效果：
蒙太奇的创造

现实生活中，一张没有表情的脸在不同的场景下可以有很多种解读方式，在电影中也一样。要想让观众清楚地了解到人物内心的想法，有时并不需要演员精湛的表演，而只需要导演对电影镜头的精心安排。

在20世纪20年代，一群苏联电影人研究出镜头排列组合的规则，他们仅仅将两个内容不同的镜头按照这种规则进行排列，就能让观众想象出存在于镜头之外的画面，产生"1+1>2"的神奇效果。

一、库里肖夫实验

列夫·库里肖夫拍下的『苦瓜脸』

1918年，一位名叫列夫·库里肖夫（Lev Kuleshov）的青年做了一个有趣的实验，他拍下了一位演员没有表情的脸。

然后他将这张脸分别和一盘汤、一口棺材、一名女子的画面拼接起来。

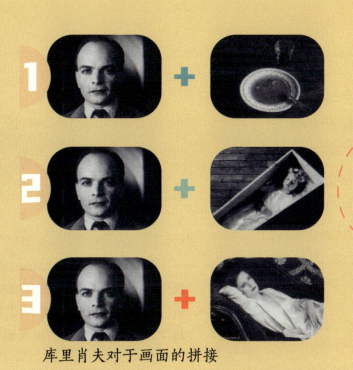

库里肖夫对于画面的拼接

观众在看到这3个场景时认为这个演员的演技非常好，因为当把这张脸与一盘汤连在一起看时，人们感觉到演员非常饥饿。

当把这张脸与一口棺材连在一起看时，人们又感觉演员非常悲伤。

而当把这张脸与一名美丽女子连在一起看时，人们感觉演员非常愉悦。

但事实上，这张脸上的表情从头到尾都没有产生过任何变化，变化的是观众看到不同画面时自己产生的联想。

库里肖夫从这个实验中认识到，观众的情绪反应并不是由单个镜头的内容造成的，而是几个镜头的共同作用。也就是说，不同内容的镜头组接在一起会产生多种多样的效果，这就是镜头组接的魔力！

苏联电影学家库里肖夫

二、蒙太奇

1. 蒙太奇的原理

库里肖夫实验让人们明白了不同画面的拼接可以产生截然不同的效果，而另一位苏联电影导演谢尔盖·爱森斯坦（Sergei Eisenstein）则进一步提出了"电影蒙太奇"这一概念。

什么是蒙太奇？

蒙太奇是法语词"Montage"的音译，该词原是建筑学的用语，意为构成、装配，在电影发明后引申为"剪辑"，也就是把分切的镜头组接起来的手段。

蒙太奇学派的集大成者
谢尔盖·爱森斯坦

爱森斯坦出生在一个建筑师家庭中。1918年，他自愿加入苏俄红军，跟随部队去了前线，并参加了沃热可第五共产党俱乐部的戏剧演出。后来他开始拍摄短片，并深入研究电影蒙太奇。

爱森斯坦把蒙太奇看成一个强有力的工具，他可以通过蒙太奇在电影中任意地切割时间、重组时间。

电影《战舰波将金号》剧照

比如他的电影《战舰波将金号》中有一个水手愤怒摔碎盘子的画面，这样一个简单的动作，爱森斯坦用了十多个镜头来展示水手在不同方向扬起手臂的重复动作，对时间进行切割和重组。

试想一下，在现实生活中摔碎盘子只需要1秒，但爱森斯坦却用各种角度的镜头同时记录下这个瞬间，并将这些镜头拼接在一起，让这个动作在电影中持续了半分钟之久，大大延长了现实的时间。就像我们写作文的时候，会用很多文字去描述重要的情节，爱森斯坦在处理重要的电影片段时，将大量镜头剪切在一起。这种处理方式在激发观众情绪的同时，也起到了强调内容的作用。

此前库里肖夫认为，如果把一个镜头看作一块砖头，把镜头像垒砖一样组合起来，就构成了电影。也就是说，库里肖夫认为镜头之间应该产生联系。

而爱森斯坦觉得，电影并不是将镜头组接起来这么简单，因为砖头不会像电影镜头那样能够相互影响。他认为电影就像马戏一样，应该让每个镜头之间产生冲突，这才是电影蒙太奇的价值。

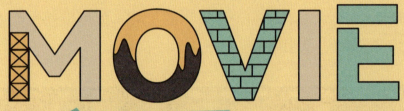

2. 蒙太奇的表现作用

伍瑟沃罗德·普多夫金（Vsevolod Pudovkin）是库里肖夫的学生，比起前两位电影大师，他使用蒙太奇的方式更加大胆。他常常将两个毫无关系的镜头剪切在一起，激发观众的想象力。他认为，组接起来的不同镜头不仅可以讲述故事，而且可以让人产生联想。

蒙太奇学派创始人之一伍瑟沃罗德·普多夫金

在电影《母亲》中，普多夫金把春天冰河融化的镜头与工人示威游行的镜头衔接在一起，用这样的蒙太奇手法比喻革命力量势不可当。

电影《母亲》中两个拼接在一起的镜头

3. 蒙太奇的表现手法

当普多夫金发掘了蒙太奇的表现作用之后，很多电影人也开始探索蒙太奇的表现手法，形成了以隐喻蒙太奇、对比蒙太奇、心理蒙太奇、抒情蒙太奇为主要种类的蒙太奇体系。

隐喻蒙太奇

这种表现手法将一些相似事物的镜头组接起来，引起观众的联想，从而使观众领会到创作者的意图和情感。

对比蒙太奇

这种表现手法的目的是在镜头的组接中创造一种对比效果，比如快乐与悲伤、孤独与热闹，从而带给观众一种强烈的反差感，展现出电影中特殊的思想内涵。

心理蒙太奇

这种表现手法是利用组接的镜头生动地表现出人物的心理活动、精神状态。电影中人物的回忆、梦境和幻觉常常使用心理蒙太奇来表现。

抒情蒙太奇

这种表现手法是指通过镜头中各种元素的组合或镜头之间的组接，在保证叙事连贯的同时升华主题。比如，将人物的画面与风景的画面拼接在一起，在保证故事发展的同时利用风景烘托氛围，让电影充满诗意。

库里肖夫、爱森斯坦和普多夫金这3位伟大的苏联电影大师是最早开始研究电影蒙太奇的人，他们所创建的蒙太奇学说进一步完善了电影语言，在电影史上留下了浓墨重彩的一笔。虽然蒙太奇手法多种多样，但人们对蒙太奇有一点基本的共识：镜头的组合是电影艺术感染力之源，两个镜头拼接在一起，不仅可以分别展现出每个镜头的内容，也可以让观众产生第三重想象，这便是"1+1>2"的含义。

动动手：请从杂志里裁剪下你想要的图片，粘在下面的方框中，并想象一下，这些画面和这个小男孩的脸组合在一起，可以表现出他什么样的情绪呢？

HAND：

拓展故事：
吉加·维尔托夫（Dziga Vertov）与"电影眼睛"

吉加·维尔托夫是苏联蒙太奇学派的另一位电影大师。对维尔托夫来说，电影摄影机就像是人的眼睛，但摄影机又不仅仅是"眼睛"，它还是一种能够超越人眼视线局限的工具。

维尔托夫认为，电影不仅可以记录现实，而且还能为观众揭开一个前所未见的世界。也就是说，摄影机能比人眼看到更多事物。试想一下，在现实生活中，你是否很难平视路边草丛中的景象？这是因为我们很难蹲下身，让视线与地面完全平行，窥视草丛中的世界。但在拍摄电影时，我们只需要把摄影机放在草丛的前面，摄影机就可以记录下这个小小王国里的景象了！

维尔托夫带着这种想法拍摄了电影《持摄影机的人》，他使用了各种拍摄技巧，记录下苏联城市与乡间形形色色的人，并且通过对镜头进行选择、剪接、配加字幕等方式，赋予了这些画面特殊的含义。

对维尔托夫来说，"不经意间捕捉到的生活"是电影的基础，蒙太奇不只是一种简单的技巧，更是一整套电影制作过程，包括选择电影的主题、拍摄电影的素材、剪辑电影的镜头。在镜头剪辑方面，维尔托夫强调镜头之间的差异，比如光线的明暗、动作的快慢等。他认为镜头之间的差异相互碰撞所形成的效果才是电影让观众拥有"感觉"的关键。

在实践过程中，维尔托夫表示，想要用电影客观还原生活是不可能的。因为剪辑这一过程本身就包含导演主观的想法，选择什么样的画面，用怎样的方式去排列画面，都是由导演的意志决定的。其中一定存在改变事件原貌的可能性，但这就是蒙太奇的内在含义。

我也要把摄影机放进草丛。

电影《持摄影机的人》中，维尔托夫使用了二次曝光的手法，使摄影师出现在了画面里，同时，这也是摄影师的"自我暴露"。

呃……

THE END

电影艺术的基础

在于蒙太奇。

——苏联电影导演普多夫金

《持摄影机的人》电影海报

第五课 电影里的人物开口说话了：
有声电影的出现

你们看，这是一只凶猛的老虎！

是呀，声音对于画面来说是很重要的！

没有老虎的叫声，感觉它也没那么凶……

喵~

在电影诞生之初，由于录音技术的限制，电影是没有声音的。观众只能看到画面里的人物嘴巴一张一合，却听不到他们说了什么，所以当人物开始说话时，影片通常会插入一张字幕卡来说明台词内容。

先生坐！有何贵差？

At last a victim: Tell me your troubles.

1922年国产电影《劳工之爱情》中的字幕卡

久而久之，人们习惯了这样看电影的方式，默认电影是一门美妙的视觉艺术。

一、让电影发出声音

在电影放映现场进行音乐伴奏

钢琴师在为电影现场配乐

有一些具有创新精神的人很想让电影"开口说话"，为此他们做了不少努力。比如在放映影片时，电影院会请配音演员站在幕后说话，但这种方法很快就被淘汰。后来，也有人想出在电影放映现场进行音乐伴奏的方法，试图让电影"发声"。

但无论是现场配乐还是后台配音，这种声音只存在于电影之外，很难准确对应演员的口型。因此，发明家们尝试着先用唱片机录下声音，再与画面拼接在一起。但在当时技术条件的限制下，要使画面和声音完全同步非常困难，并且当时在影院里也没有扩音器将唱片机的声音传递给每个观众，因此让电影"开口说话"的计划一直没有突破性进展。

20世纪20年代，美国的一家公司开发出了录音系统、声音放大器和扬声器，后来这套技术设备被华纳公司买了回来。华纳公司开始尝试着在拍摄画面的同时录制声音。

华纳公司在电影拍摄中采用的维太风
（Vitaphone）录音系统

1927年，人们在观看美国电影《爵士歌王》时，不仅听到了电影中的歌声，还突然听到主角开口说话，那句台词是："你还是什么都没听到！"

《爵士歌王》电影海报

当时的观众大为震惊，这是人们第一次听到电影中的人发出声音。

在此之后，陆续出现了一批又一批有声电影。1933年，著名导演阿尔弗雷德·希区柯克（Alfred Hitchcock）在谈话中表达了对电影声音的态度："在无声片时期，我就对音乐和电影抱有浓厚兴趣，我一直相信声音的到来会开启一个伟大和崭新的时代。服务于画面的声音最终会完全处于电影制作者的掌控之下。"

从那时开始，声音和画面在电影制作期间就结合在一起，电影从视觉艺术真正转变成视听艺术。

二、有声电影的影响

有声电影的出现改变了很多人的命运。由于有声电影中存在大量的人物对话，一些作家产生了从事电影相关工作的想法，他们作为 电影编剧 进入了电影行业。

什么是编剧？

编剧就是写剧本的人。在开始拍摄电影之前，编剧要写出一个完整的故事，明确每场戏的时间、人物、地点及发生了什么事情。此外，编剧还要写好人物的台词。

美国剧作家奥尔德斯·赫胥黎（Aldous Huxley）

因此在那个时候，很多寂寂无闻的作家来到了好莱坞，他们每周可以通过写电影剧本拿到几百美元，这相当于普通工人大半年的收入。当作家赫胥黎得知只要在两个月内写完一部电影剧本，就可以拿到上万美元时，他激动得差点儿晕厥过去。

有声电影为作家带来了机遇，但还有一些人就没那么幸运了。在无声电影时期，观众只会看到电影中人物的样貌，所以演员只要容貌精致就可以成为大明星。有声电影出现后，这些演员不得不开口说话，但很多演员的嗓音并没有那么动听，此时观众非常失望。不少演员很快失去观众的喜爱，最终丢掉了自己的工作。

进入有声电影时期，演员除了需要正视自己的嗓音问题，还需要改变自己已经习惯的表演方式。默片时期演员必须表演得非常夸张，才能让观众感受到他们的情感。而有声电影出现之后，演员可以直接用台词演绎故事，表情达意，于是之前浮夸的演技就不再被观众接受了。

格洛丽亚·斯旺森（Gloria Swanson）是默片时代的大明星，但有声电影出现后，观众便不再喜欢她浮夸的表演，她也因此被人淡忘。

三、有声电影的争议

在有声电影刚刚出现的时候，人们还没有很好的录音设备，演员在说话时，话筒会录上很多噪声，所以演员必须缓慢地说话以确保录音清晰。同时，由于需要顾及话筒的位置，摄影机在拍摄时也不敢轻易运动，电影节奏变得很慢。

所以，当时很多人反对电影中出现对白，他们认为靠画面讲故事的无声电影已经是一种完美的艺术，对白的加入反倒破坏了电影艺术的规则。比如英国电影导演、演员卓别林（Charles Chaplin），在尝试拍摄有声电影之后，又回到无声电影的拍摄中，他拍摄的经典默片有《城市之光》和《摩登时代》等。

在电影《城市之光》中，虽然没有对白的出现，但卓别林通过精湛的表演，让这个小胡子形象深入人心

随着录音技术的进步，对于电影是否应该有声的争论在20世纪30年代就慢慢消失了。在电影创作的过程中，电影制作者也探索出多种表现声音的方式，逐渐把声音视为与画面同样重要的电影元素。而观众则再也无法接受没有声音的电影，无声电影也随之被时代淘汰。

动动手：你知道吗？电影中的很多声音可以在我们日常生活中制造出来。比如，用力折断一把芹菜所发出的声音，可以替换电影中人体骨折的声音；用力甩一块毛巾的声音，可以替换电影中拳头打在身上的声音。
请同学们在家试一试，使用一把盐或者沙子，就可以模拟出下雨的声音哦！

HAND:

拓展故事：
跨越语言的障碍——译制片的出现

有声电影的出现给所有制作电影的国家带来一个问题：语言的障碍让电影无法出口到其他国家。在默片时期，如果要将本国电影拿到其他国家放映，影院只需配上不同语言的字幕卡就可以让异国观众领会电影中讲述的故事。但有声电影出现后，电影中的声音本身就是一个需要人们逐步接受的新奇事物，异国的语言对观众来说更是难以适应的元素，因此，把有声电影带到异国放映变成一件非常困难的事情。

起初，人们想出了几种办法来解决这个问题。在有声电影诞生初期，美国拍摄了一些大型的"轻松歌舞片"，这些电影包含大量的歌舞片段，而对白部分较少。因此，其他国家的观众在欣赏歌舞的时候不存在太多语言障碍，这些影片得到了很多人的喜爱，后来歌舞片也逐渐发展成一种经典的电影类型。

但对非歌舞片来说，语言不通的问题依然存在，因此有人想出一个新的解决办法：当电影中人物开始说话时，在画面的下方同步配上字幕（默片时期的字幕卡是作为一个独立的画面插入电影之中的）。而那时，比起语言障碍，人们更无法接受在画面的下方同时出现的字幕，因为这些字幕会分散观众的注意力。

因此，电影制作者认为，维护国外市场的唯一方法就是拍摄同一电影的多个版本，每个版本的演员都用不同的语言讲话。英国在1929年制作了世界上第一部"多语言"影片，分别发行了德语版和英语版。在此之后，有些电影甚至会同时制作14种语言的版本。虽然这种做法解决了语言不通的问题，但是制作成本实在太高了，制作方根本无法保证放映后的票房利润。

在20世纪30年代初，人们学会了分别录制不同的声音，再将这些声音混录到一起。从这时起，电影制作人只需要录制一遍画面。如果有出口需要，电影制作人就只需将对白的部分从音轨中剔除，换上一条新的语言配音音轨。这就是"译制片"的由来——比如有外国电影进入中国，中国的电影制片厂就会给这部电影重新配音，再在中国电影市场发行。

如今，各大字幕组逐渐取代了传统的电影译制工作，人们也逐渐适应了边看字幕、边听原声的观影方式。这些都是有声电影所带来的影响——它不仅改变了电影的基本语言，也让更多国家拍摄制作出本土语言的新电影。

1936年的歌舞片《摇摆乐时代》剧照

THE END

眼睛是懒惰的，

耳朵则相反。

——法国电影导演罗伯特·布列松（Robert Bresson）

讲述有声电影出现的电影《艺术家》
剧照

6 第六课 梦境与现实：
好莱坞与欧洲电影运动

在人们发现电影具有叙事的功能后，电影就成为创作者制造幻象的工具。在电影中，人们既能看到童话般的浪漫爱情故事，也能一睹千秋岁月的再次演绎。位于美国加利福尼亚州的好莱坞是一个世界闻名的电影中心，在好莱坞每年有数百部电影被生产出来。

一、好莱坞的世界影响

20世纪第二个十年，一群想要拍电影的人来到美国好莱坞，在这里建立了一批电影公司。

他们拍摄了大量的电影，这些电影制作精良，成本高昂，大多讲述了一些美好梦幻的故事。它们受到了观众的热烈追捧，好莱坞很快成为美国电影的生产中心。

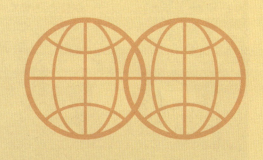

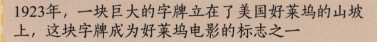

1923年，一块巨大的字牌立在了美国好莱坞的山坡上，这块字牌成为好莱坞电影的标志之一

受到好莱坞电影的影响，电影创作者习惯了在摄影棚内布置华丽的场景，使用大明星当演员，拍摄戏剧性强的故事片。人们逐渐认为**电影＝大制作＋大明星＋动人的故事**，所以很少有人觉得普通人的生活也值得被拍成电影。

美国大片场拍摄电影的场景

1920s—1950s

这种梦幻的电影无论在哪个国家都能打动人们的心，20世纪20—50年代好莱坞迅速占领了全世界的电影市场。因此，人们将这一时期称为好莱坞的"黄金年代"。

20世纪40年代，第二次世界大战结束。意大利和法国的人们经历劫难迎来和平，然而家园已经夷为平地，生活的残酷让两个国家的人们意识到现实与幻想是有差距的，生活并不像电影里那样美好。因此，一群欧洲导演开始致力于拍摄自己心目中的电影，努力改变好莱坞的梦幻电影模式。他们将镜头对准生活中的普通人，拍出身边平凡人的故事，让人们看到生活的真实样貌。

二、意大利新现实主义电影运动

20世纪40年代，第二次世界大战后的意大利充斥着失业和贫困，人们常常为一个工作机会争得头破血流。与此同时，很多电影制片厂遭到了战争的破坏，想要拍摄电影的意大利人只能拿起摄影机，走到屋外，拍摄真实的街道和风景。

因此，意大利的电影人发起了一场电影运动，这场运动被称为"新现实主义电影运动"，代表人物有卢奇诺·维斯康蒂（Luchino Visconti）、罗伯托·罗西里尼（Roberto Rossellini）、维多里奥·德·西卡（Vittorio De Sica）。他们喊出了两个响亮的口号——"把摄影机扛到大街上去"和"还我普通人"。

意大利新现实主义时期的电影大师，从左到右为卢奇诺·维斯康蒂、罗伯托·罗西里尼、维多里奥·德·西卡

把摄影机扛到大街上去！

对！还我普通人！

经典电影：
《偷自行车的人》

这个故事来源于一则真实的新闻报道：失业两年的男人安东终于找到一个工作机会，为了凑钱买工作必需品——自行车，他的妻子卖掉了家里所有的床单。

第二天，安东骑着车去工作，自行车却被偷走了。他万分焦急，带着儿子在大街上到处打听，却始终找不到小偷的身影。绝望的安东偷走了别人的自行车，却很快被抓。儿子看到了这一切，哭喊着求车主放了爸爸。看到哭泣的男孩，车主于心不忍，最终还是放走了安东。

电影《偷自行车的人》，画面背景中出现的人都不是请来的演员，而是大街上的路人

与以往的电影不同，这部电影没有华丽的灯光和靓丽的大明星，拍摄的画面全部是真实的街道和行人，这便是"把摄影机扛到大街上去"的含义。这部电影讲述的是普通人的故事，出演电影男主角的男人也不是职业演员，而是一位真正的失业者，在电影杀青之后，他依然没有找到工作。这便是"还我普通人"的含义。

坚持新现实主义的电影人创作出了多部经典电影，比如罗西里尼的《罗马，不设防的城市》、维斯康蒂的《大地在波动》。这些意大利电影人突破了以好莱坞为代表的电影传统潮流，使得意大利电影在世界电影史上确立了自己的地位。

电影《罗马，不设防的城市》剧照

电影《大地在波动》剧照

三、法国新浪潮电影运动

20世纪50年代的法国充满了各式各样的流行文化，年轻人追求时尚，热爱摇滚乐，这些潮流改变了法国人的生活方式。同时，法国人受到战争的影响，对人生的理解也发生了改变。因此，一些法国导演决心拍出不一样的电影，向好莱坞电影发起挑战，人们将他们所做的改变称为"法国新浪潮电影运动"。

在传统电影拍摄中，人们使用的是35毫米摄影机，非常笨重。而20世纪30年代在市场上出现了新型的16毫米小胶片机。一群法国青年首先使用这种小巧的摄影机，开始用极低的成本拍摄电影。他们拍摄电影的过程就像我们现在随时拿起手机，拍摄自己想拍的视频一样。此时人们才发现，拍电影竟然可以是如此简单的事情！

传统电影拍摄的场景，他们使用的摄影机体积较大，很难操控

新浪潮时期拍摄电影的场景，他们使用的是16毫米小胶片机，并配有方便轻巧的录音机

1. 最具创造力的让-吕克·戈达尔（Jean-Luc Godard）

让-吕克·戈达尔

青年让-吕克·戈达尔是一个特立独行的人。18岁时，他开始接触电影，参加在巴黎市内拉丁区的电影放映会，在放映会里认识了很多志同道合的朋友。

1960年，他拍摄了第一部电影《精疲力尽》，开启了自己的导演生涯。在刚开始拍摄这部电影的时候，戈达尔并没有写出一个完整的剧本，他在每天早晨睡醒后才思考当天要拍摄的内容，然后把即兴创作的台词告诉演员。

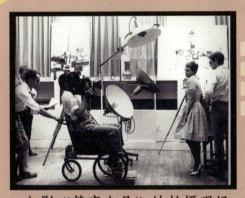

电影《精疲力尽》的拍摄现场

影片《精疲力尽》最初的剪辑版本由于时长过长而无法上映，于是戈达尔向前辈咨询解决方法。前辈建议戈达尔不保持动作的连贯性，可以在镜头内部进行细碎的剪辑，也就是说在一个镜头里这儿剪一点，那儿剪一点。于是戈达尔发明了一种新的剪辑方式——"跳切"技术。

什么是跳切？

跳切是一种无技巧的剪辑手法。它打破常规状态镜头切换时所遵循的时空和动作连续性要求，以较大幅度的跳跃式镜头组接，突出某些必要内容，省略了其中的一些动作过程。

比如，在电影《精疲力尽》中，观众所看到的这四幅画面是用一条镜头拍摄完成的，但戈达尔在电影里把它们切成了4个镜头，并重新拼接在了一起。因为这些镜头的角度、人物的大小非常相似，所以观众在看这些镜头切换的时候，会产生"跳"了一下的感觉。

丹麦女演员安娜·卡里娜（Anna Karina），曾出演戈达尔的多部电影，她的脸成为法国新浪潮电影的标志之一

戈达尔被视为最具创造力的新浪潮电影导演

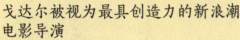
2. 电影导演弗朗索瓦·特吕弗（François Truffaut）

什么是导演？

导演是影视作品创作活动的组织者和领导者，是借助电影表达自己思想的艺术家，是把影视文学剧本搬上银幕的总负责人。导演需要组织和团结剧组内所有的创作人员、技术人员和演出人员，使他们充分发挥才能，把众人的创造性劳动融为一体。

　　法国的另一位青年导演特吕弗也同样引人注目。他拍摄的电影内容各异，但始终显露着自己的个性与特点。特吕弗认为在电影拍摄过程中导演是电影的中心人物。

弗朗索瓦·特吕弗

在以好莱坞为代表的电影制作过程中，导演并不是剧组的核心，也没有至高无上的权力。大制作的电影往往有一个制片人，导演为制片人所雇用，需要听从制片人的指令。

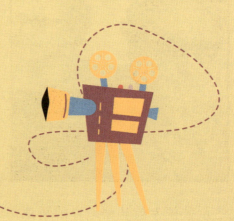

什么是制片人？

制片人就是电影的生产制作人，全权负责剧本统筹、找寻投资、组建剧组、管控成本、后期制作等一系列工作。

而特吕弗提倡在电影拍摄和制作的过程中，一切要听从导演的命令。就像作家可以拿起笔随意写故事，他提倡导演也可以像作家一样，完全决定一部电影的风格和内容，导演就是电影的作者。由此，特吕弗清晰地提出了"作者电影"这一概念。

作者电影对导演的要求：

（1）具备基本的电影技能。

（2）影片要表现出导演的个性。

（3）影片必须要有意义，导演的个性必须一直贯穿在他的所有作品之中。

特吕弗在现场指挥拍摄

特吕弗的经典电影《四百击》剧照

20世纪中期的欧洲和好莱坞的这场电影对抗，改变了人们对电影的固有看法，也冲击了好莱坞在世界电影市场的霸权地位：新现实主义电影运动让人们了解到，电影不仅可以创造梦境，还可以反映人们真实的想法和生活；而新浪潮电影运动则改革了电影的传统拍摄模式，让电影创作更加自由。

这两场电影运动鼓舞了很多国家的电影人，让他们看到在好莱坞大制作之外，电影还有无限的可能。他们开始积极探索拍摄电影的新方法，从而创作出真正反映自己民族文化的电影。人们意识到，电影既可以是一场梦境，也可以是生活本身。

动动脑：试想你就是一位电影导演，如果你来拍摄一部反映自己生活的电影，你会拍些什么呢？是与同桌之间的小秘密，还是和父母之间的温暖瞬间？试着简单写出自己的想法，包括地点、人物、发生了什么事情。

IDEA：

拓展故事：
《四百击》与长镜头

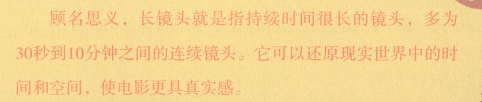

什么是长镜头？

顾名思义，长镜头就是指持续时间很长的镜头，多为30秒到10分钟之间的连续镜头。它可以还原现实世界中的时间和空间，使电影更具真实感。

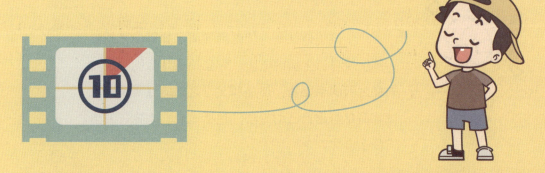

特吕弗的电影《四百击》以一个影史上最经典的长镜头结尾：13岁的男孩安托万没有得到家庭的温暖与良好的教育，内心痛苦迷茫，他在犯错后被继父送进少管所。其他孩子在少管所里踢球时，安托万突然从球场中冲了出来，从少管所篱笆下的缺口逃出。警笛响起，看守人开始追捕安托万。安托万不停地向前跑去，在跑过荒野和森林之后，他看到了大海。在安托万奔向大海的时候，他忽然回过头来，凝视观众，他的脸在镜头前不断放大，直到模糊一片。

这个场景一共由3个长镜头构成，每个镜头长度都在50秒以上。在安托万奔跑时，镜头一直跟着他的身影，仿佛他只知道要逃走，却并不知道要逃到哪里去。观众看着这个不停狂奔的男孩，感受到了他想要摆脱束缚的强烈愿望。

安托万跑到海边停了下来，镜头也随即停了下来。此时，观众看到安托万迷茫地望着大海，仿佛自己也置身于电影之中，像这个男孩一样，不知道该走向哪里。

然后，安托万转身向镜头走来，慢慢看向镜头，仿佛在凝视电影之外的观众。这个男孩透露出无助、迷茫的神情，似乎正在向观众求救。这个镜头使得观众从电影的旁观者变成了参与者，与银幕中的安托万建立起情感的联系，感受着他的迷茫和无助。

电影《四百击》中，安托万回看摄影机的画面成为电影史上的经典镜头

THE END

电影

是每秒24格的真理。

——法国电影导演让-吕克·戈达尔

知名电影杂志《电影手册》纪念刊封面

第七课 雕刻时间的光影：
现代主义电影思潮

电影就是要拍一个跌宕起伏的故事！

可我看过一部影片，好像没有什么故事发生，这算电影吗？

当然算啦，有一些电影展现的是导演的内心世界，而不是一个现实中的故事。

什么是现代主义电影？

传统的电影集中于表现戏剧化的情节，而现代主义电影着重表现人物内心细微的情绪变化。现代主义电影使得电影从叙述事件的情节片升华为表现内心的艺术片。

现代工业的兴起和第一次世界大战的出现，使西方世界里人与人之间的关系越来越疏远。人们感受到了前所未有的孤独，开始探寻个人的内心世界。因此在19世纪末20世纪初，现代主义思潮出现了。

现代主义不仅是一场哲学运动，也是一场艺术运动。现代主义的音乐、绘画、文学对人们产生了深远的影响。在20世纪60年代以后，欧洲出现了一些极具创造力的导演，他们受到现代主义艺术作品的影响，在电影创作中体现出现代主义的特征，开创了现代主义电影思潮。

一、英格玛·伯格曼（Ingmar Bergman）

伯格曼于1918年7月14日出生于瑞典乌普萨拉。伯格曼的父亲非常严厉，因此伯格曼的童年生活一直笼罩在一种严峻压抑的气氛中，这些经历对他后续的电影创作有着极为深刻的影响。

瑞典电影导演、剧作家英格玛·伯格曼

1945年，伯格曼开始从事导演工作，他把自己的梦境、记忆和幻想注入自己的电影。

比如，电影《芬妮与亚历山大》中反复出现伯格曼本人的童年往事。

电影《芬妮与亚历山大》剧照

在电影《夏日插曲》中，他借鉴了自己年轻时的失恋经历进行创作。

电影《夏日插曲》剧照

而在电影《婚姻生活》中，观众也能看到他的家庭生活的影子。

电影《婚姻生活》剧照

1957年，伯格曼拍摄了电影《野草莓》。这部电影讲述了一位老教授在去母校接受荣誉勋章时，回忆起自己过往经历的故事。在影片一开始，伯格曼便为观众呈现了这位老教授的一场梦。在梦中，老教授走在空无一人的街道上，他先是看到了一块没有指针的表，然后他拿出自己的怀表，发现怀表上面也没有指针。

接着，老教授看到了一个与自己背影相似的人，他上前拍了拍那个人的肩膀，那个人转过身来，老教授惊讶地看到这个人的脸上没有眼睛。

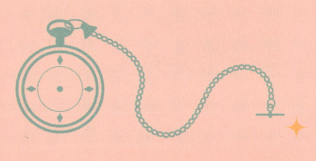

此时，一辆马车从他身边经过，从马车上掉下了一口棺材。老教授凑过去看，发现棺材里的人竟是自己！

在这个梦境中，伯格曼用3个不可思议的场景表达出老教授对时间和死亡的恐惧。这种恐惧原本是老教授的内心感受，在现实生活中观众是看不到的，但在电影中，伯格曼却用钟表、人脸、棺材这3种意象将他的心情展现在观众面前，让观众感受到了老教授的恐惧。

电影《野草莓》剧照

伯格曼是一位伟大的电影创作者，他让人们知道，电影不仅可以讲述故事，也可以反映人的内心世界。他的诸多电影如《呼喊与细语》《野草莓》，都是电影史上的经典之作。

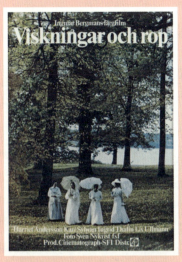

从左到右依次为《呼喊与细语》《野草莓》电影海报

二、费德里科·费里尼（Federico Fellini）

同伯格曼一样，意大利人费里尼也是一位万众瞩目的电影导演。他曾5次获得奥斯卡金像奖，取得了令人羡慕的成就。

意大利电影导演、编剧、制作人费德里科·费里尼

费里尼出生于意大利北方的里米尼海港，他从小就对马戏团和马戏团里面的小丑情有独钟。因此，在他的电影中，常常出现像马戏团一样华丽、幽默的场景。

1960年，费里尼的电影《甜蜜的生活》在戛纳国际电影节上获得了大奖。影片所描绘的有钱人狂欢作乐的生活场景逗笑了世界各地的观众，这部影片很快成为意大利最赚钱的电影之一。后来，这部电影的名字"*La Dolce Vita*"（中文译名就是"甜蜜的生活"）诠释着意大利人最著名的生活哲学，它鼓励人们放松心情，去尽情地享受生活。

电影《甜蜜的生活》剧照

3年之后，费里尼拍摄了电影《八部半》。这部影片透露出浓郁的自传色彩。其实从某种意义上说，似乎费里尼的每一位电影主人公都有着他自己的影子，或者说费里尼电影的主人公就是他幻想出来的自己——幽默、富有想象力，自恋又野心勃勃。

费里尼的经典电影《八部半》剧照

费里尼是一位极具个人风格的电影作者，他在电影中加入了很多自己的幻想与梦境，向观众传达出了一种感受——生命是壮美的。

费里尼的画，画中的很多内容都是他梦到的场景

三、 米开朗基罗·安东尼奥尼（Michelangelo Antonioni）

安东尼奥尼是另一位意大利电影大师，他成名稍晚于费里尼。

早年，安东尼奥尼是一名电影记者。1940年，他搬到罗马，为一本电影杂志写文章，但工作了几个月就被开除。之后，他进入罗马电影实验中心学习电影技术。

米开朗基罗·安东尼奥尼

1943年，安东尼奥尼拍摄了第一部电影《波河的人们》，开启了自己的导演生涯。在他的电影里，经常出现一些漫无目的、没有依靠的流浪者，电影展现出的世界仿佛比现实生活要糟糕得多。安东尼奥尼运用画面中的各种元素渲染这种凄凉的氛围，向观众强调这种悲伤的感受。

1. 运用构图

　　安东尼奥尼在1960年拍摄电影《奇遇》，在这部影片中安东尼奥尼充分利用构图表意，利用人物和建筑的视觉关系表达人与人之间的冷漠。比如，安东尼奥尼用建筑将人们围起来，好像现代人身处一个迷宫之中；又或者让人物置身于一个高大的建筑物之前，通过视觉上的巨大反差比喻现代人的渺小和相互疏远。

电影《奇遇》剧照

2. 运用色彩

　　安东尼奥尼在1964年拍摄了电影《红色沙漠》。在这部电影中，他创造性地运用色彩表达他对这个世界的观感。画面中的颜色不再是真实世界中色彩的还原，而是一种带有主观情感的色彩。比如，画面中的灰色代表了人的冷漠态度，红色代表了人的焦虑心理，蓝色代表了人的忧郁情绪。这部电影充分利用了色彩的表现效果，因此它被称为世界上第一部真正意义上的"彩色电影"。

电影《红色沙漠》剧照

这3位现代主义电影大师，将电影从世俗的娱乐工具改造成具有个人风格的艺术形式，他们在电影中充分表现了自己的思想与感受。电影成为他们自我表达和自我诉说的工具，观众似乎可以通过观看电影了解到导演的内心世界。现代主义电影让观众了解到电影的更多可能性——电影不仅可以讲述故事和反映现实，也可以成为人们表达自我的一种方式。

动动脑：

1. 夏尔·皮埃尔·波德莱尔（Charles Pierre Baudelaire）是法国一位诗人。其创作对后来欧美象征主义诗歌影响很大，被认为是开创了文学"现代性"的重要人物。请同学们阅读他的诗歌，看看在读完这首诗后，你的脑海里会浮现哪些画面。

IDEA：

应和

夏尔·皮埃尔·波德莱尔 著

戴望舒 译

自然是一庙堂，那里活的柱石
不时地传出模糊隐约的语音……
人穿过象征的林从那里经行，
树林望着他，投以熟稔的凝视。

正如悠长的回声遥遥地合并，
归入一个幽黑而渊深的和协——
广大有如光明，浩漫有如黑夜——
香味，颜色和声音都互相呼应。

有的香味新鲜如儿童的肌肤。
柔和有如洞箫，翠绿有如草场，
——别的香味呢，腐烂，轩昂而丰富，
具有着无极限的品物底扩张，
如琥珀香、麝香、安息香、篆烟香，
那样歌唱性灵和官感的欢狂。

2. 下面这幅绘画作品名叫《呐喊》，由挪威画家爱德华·蒙克（Edward Munch）在1893年创作。看看这幅画作，请问你感受到了什么样的情绪呢？

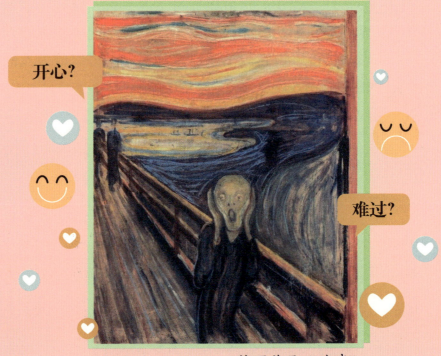

开心？

难过？

绘画作品《呐喊》

IDEA:

拓展故事：

塞缪尔·贝克特（Samuel Beckett）与《等待戈多》

在安东尼奥尼的电影《奇遇》中，女主角安娜在小岛上离奇失踪了。按照一般电影的故事发展，此时一定会有人来寻找她，无论能否找到，影片最后都会告诉观众一个结果。但在这部电影中，导演却没有解释这个结果。安娜仿佛就这样从人间蒸发了。直到影片结束，也没人知道安娜去了哪里。

　　这样一反常态的故事情节，让人不由得想到了现代主义的经典戏剧《等待戈多》。《等待戈多》是爱尔兰现代主义剧作家塞缪尔·贝克特的两幕悲喜剧。在这两幕戏中，两个流浪汉一直在等待一个名叫戈多的人。在等待戈多时，他们没话找话，一会儿吵架，一会儿吃东西。等天快要黑下来的时候，一个孩子跑来告诉他们，戈多来不了了。两个人听到这个消息后打算离开，身体却一动不动，似乎还要继续等待戈多。此时，这部戏就结束了。

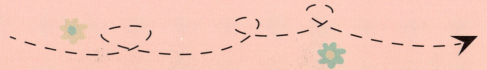

　　这部作品没有连贯的故事情节，只是着重展现了人物的心理状态与情绪变化。观众从头到尾都不知道戈多是谁，为什么要等他，以及最后等到了没有。这两幕戏讲述的仅仅是一个"什么也没有发生，谁也没有来，谁也没有去"的故事。它喻示着人生就是一场无尽无望的等待，表达了世界荒诞、人生痛苦的现代主义思想，也反映出第二次世界大战后西方世界空虚绝望的精神状态。

《等待戈多》是戏剧史上真正的革新，也是现代主义戏剧的集大成者。它不仅开启了荒诞派戏剧的先河，也成为戏剧史上不朽的名作。

戏剧《等待戈多》

THE END

人们看电影是为了时间：
为了已经流逝、消耗，或者
尚未拥有的时间。
——苏联电影导演安德烈·塔可夫斯基（Andrei Tarkovsky）

塔可夫斯基的电影《牺牲》拍摄现场

8 第八课 中国电影的高光时刻：第五代导演闪耀世界

中国电影发展至今，已有约120年的历史。在这100多年的时间里，中国出现了很多耀眼的电影人与优质的影片。在20世纪80年代，中国电影迎来了创作的高峰，在这一时期，国人的电影观念有了很大的改变，电影人也拍出了多部具有强烈民族特色和艺术价值的影片，中国电影开始真正在国际舞台上崭露锋芒。

一、丢掉戏剧的拐杖

1896年，上海徐园第一次放映了卢米埃尔兄弟所拍摄的短片。当时，人们对电影并不了解，只是感觉这种银幕上的片段与中国传统戏剧很相似，因此，早期的电影被称为"西洋影戏"。

上海徐园旧址

中国第一部故事片《难夫难妻》

后来，中国人开始尝试自己拍摄电影。受到戏剧观念的影响，人们认为"戏"就是电影的核心，这种思路影响了后来的很多电影创作者。直到20世纪70年代，中国电影人仍然以讲述大悲大喜的戏剧故事作为拍摄电影的重要标准。

中国第一代导演张石川（左）、郑正秋（右）。在中国电影探索的初期，他们按照创作戏剧的思路来拍摄电影

20世纪70年代末，在国际多个电影运动的影响下，中国电影人开展了一场激烈的争论——电影与戏剧到底是什么关系？北京电影学院的白景晟发表了一篇题为《丢掉戏剧的拐杖》的文章，他认为，电影和戏剧是两种截然不同的艺术形式，因为戏剧没有像蒙太奇一样特殊的电影语言。他呼吁整个电影行业："中国电影是到了丢掉多年来依靠'戏剧'的拐杖的时候了！"

1980年，中国的第四代导演登上历史舞台。这批导演是20世纪60年代北京电影学院的一批毕业生，其中包括张暖忻、郑洞天、谢飞、吴天明等人。

他们明确地提出，要区分电影和戏剧，不要再以排演戏剧的思路来拍摄电影。因此，这些导演开始拍摄表现真实生活悲欢的电影，诞生了《城南旧事》《变脸》《沙鸥》《黑骏马》等多部优秀影片。

从左到右依次为《黑骏马》《变脸》电影海报

二、第五代导演的闪耀

在第四代导演提出"影戏分离"的同一时期，20世纪80年代从北京电影学院毕业的一群年轻导演横空出世，他们就是创造了种种辉煌的第五代导演。他们才华横溢、努力大胆，又赶上了改革开放的大好年代，因此，这群年轻人开始了富有激情的艺术创作。

陈凯歌

1984年，陈凯歌拍摄了自己的处女作《黄土地》，这部影片讲述了一个陕北贫苦女孩翠巧追求婚姻自由的故事。这部影片不像以往的中国电影有强烈情节和大量对白，而是在电影语言方面进行了革新。

比如，在这部电影中，封建社会的恶习导致了翠巧的悲剧，但因为包办婚姻的文化习俗已经延续了太久，翠巧没有办法改变自己的命运。

在表现这样的主题时，导演并没有让人物直接讲出自己的悲剧，而是通过构图——这种具有表现效果的电影语言展现。在拍摄陕北高原的环境时，天空和人物只占据画面不足三分之一，整个画面几乎被黄土地占满，大片的高原地貌覆盖了观众的视野。这种画面看上去有种压迫感，但正隐喻了影片的主题——厚重的土地哺育了这种旧文化，而就是这种旧文化导致了翠巧的悲剧。

电影《黄土地》剧照

1993年，陈凯歌拍摄了电影《霸王别姬》，这部影片获得了戛纳国际电影节的最高荣誉——金棕榈奖。它代表了中国电影艺术的高峰，陈凯歌也用自己的创造力改变了中国电影的样貌，使中国电影走向了国际舞台。

张艺谋

张艺谋出生于陕西西安，1978年考入北京电影学院摄影系。后来，他担任了电影《一个和八个》和《黄土地》的摄影师，获得了多个电影节最佳摄影的奖项，从此跨入一线摄影师的行列。紧接着，张艺谋出演了电影《老井》，凭借这部影片他获得了3座最佳男主角奖杯，成为中国内地第一位获得国际A类电影节最佳男主角的演员。

1987年，张艺谋导演了自己的第一部电影《红高粱》，影片讲述了一个抗战时期的故事：一对男女在历经曲折后一起经营一家高粱酒坊，但是女人却被日本侵略军残忍杀害。这部影片真正做到了电影语言的完美运用，画面里浓烈的色彩给观众留下了深刻的印象。张艺谋的这部影片也成为中国首部获得柏林国际电影节最高荣誉（金熊奖）的影片。

电影《红高粱》海报

在此之后，张艺谋的导演生涯屡创辉煌，他的作品让世界各地的电影人注意到中国电影的独特魅力。21世纪初，受到好莱坞大片浪潮的影响，张艺谋开始执导本土商业大片，由他导演的电影《英雄》也开启了中国的电影大片时代，成为当年国产电影票房冠军。

电影《英雄》中宏大的场景、精心布置的道具以及色彩鲜明的画面反映了张艺谋的电影美学观念。

三、国产电影的大繁荣

20世纪90年代起，中国电影呈现出复杂多样的状态，观众可以在电影院内看到类型多样的影片——其中包括了具有创新性的主旋律大片、表现人们情感的都市片、深受观众喜爱的贺岁喜剧片、极具个人风格的艺术片等多种类型的电影作品。

在这一时期进行电影创作的导演即中国的第六代导演。他们的作品往往以小人物的命运作为电影的主题，生动地再现了普通人生活中的酸甜苦辣。

步入21世纪之后，中国电影的发展再上一层楼，国产影片不仅变得种类丰富，数量繁多，质量也在节节攀升。我国电影市场的四大档期——春节档、暑期档、国庆档及贺岁档，成为电影票房收入的强力支撑，中国电影进入飞速发展阶段。我们有理由相信，在一代代电影人的努力之下，中国电影将拥有广阔的前景和光明的未来。

动动脑： 你还记得在电影院里看过什么国产电影吗？你最喜欢哪一部呢？试着写下自己看完那部电影的感受。

IDEA:

拓展故事：
中国港台地区电影的发展

很多人都喜欢看中国港台地区拍摄生产的电影，精彩刺激的香港枪战片和柔情似水的台湾言情片是不少人心中的经典。其实，除了这类影片，在中国港台电影的发展过程中，还诞生了很多优秀的电影人和电影作品，让我们一起来了解一下吧！

中国台湾地区

在中国台湾电影发展的过程中，有两位导演被合称为中国台湾电影双子星，他们是杨德昌和侯孝贤。

杨德昌 作为新人导演，于20世纪80年代开始拍摄电影。他具有强烈的现代精神，一直在拍摄现代都市的故事，在创作中，他形成了独具特色的"都市电影"风格。他的代表作品有《光阴的故事》等。

侯孝贤 善于用电影书写历史，将电影用散文的叙述方式娓娓道来。在创作中，他形成了别具一格的"乡土电影"风格。

他的代表作品有《童年往事》《冬冬的假期》等。

中国香港地区

1913年，由黎北海、黎民伟共同创作的故事短片《庄子试妻》，是中国香港电影的开端。其中，严珊珊扮演了一位婢女，她成为中国电影史上第一位女演员。

香港电影发展的过程，有两个重要时期——新派武侠片兴起时期和香港电影新浪潮时期。

1.新派武侠片兴起时期

20世纪60年代中期以后，香港逐渐从一个港口城市转变为经济繁荣的现代大都市。城市的变化，让人们越来越需要电影娱乐消费。再加上20世纪50年代武侠小说的流行，香港出现了一系列的"新派武侠片"。

在拍摄新派武侠电影的导演中，最成功的是张彻、胡金铨，他们所拍摄的《独臂刀》《大醉侠》成为新派武侠电影的开山之作。新派武侠片的出现让香港电影获得了国际的关注，同时奠定了之后李小龙真功夫片、成龙功夫喜剧片的坚实基础。

电影《大醉侠》剧照

电影《独臂刀》剧照

2. 香港电影新浪潮时期

20世纪70年代末，很多香港人已经不喜欢看没有新意的武侠片，香港观众想要看到更新颖的电影。

1979年，4位年轻的电影导演章国明、徐克、许鞍华、翁维铨不约而同地推出了自己的第一部电影作品，他们以全新的电影类型震撼了整个香港电影界，催生了香港电影新浪潮运动。其中，有两位导演尤为瞩目，他们就是徐克和许鞍华。

徐克 被称为香港最能推动商业电影浪潮的电影干将，他不仅将之前的一些电影以新的方式进行改编，还带领香港导演拍摄现代枪战片，开启了香港电影特效制作的新时代。他的代表作品有《笑傲江湖》《新龙门客栈》《黄飞鸿之狮王争霸》等。

电影《新龙门客栈》剧照

　　许鞍华 是香港颇具人文气质的导演，在创作中，许鞍华能将商业与艺术结合在一起，大胆拍摄了鬼怪片、武侠片、爱情文艺片、家庭伦理片等不同类型的电影。她的代表作品有《疯劫》《女人，四十》等。

THE END

导演是作家，

是用镜头写作的作家。

——中国电影导演谢晋

电影《红色娘子军》海报

9 第九课 让世界听见东方之声：
亚洲电影杰作

我知道！亚洲的名字本义是"太阳升起的地方"！

你们知道亚洲的本义是什么吗？

没错，在太阳升起的地方，这里的电影也在散发着光芒。

人们习惯将亚洲称为"东方世界"。作为地球上面积最大、人口最多的一个大洲，亚洲拍出了许多各具特色的民族电影。其中，有几个国家的电影发展历程尤为瞩目。

一、韩国电影

20世纪末，韩国政府开始大力扶持本土电影的发展。一方面，韩国政府设立了新的电影审查制度，韩国电影人在创作时可以更加自由。另一方面，韩国政府举办了多个电影节，鼓励观众多看韩国电影，并且规定每个影院的每块银幕放映韩国电影的时间在一年之内不能少于146天。

随着电影制作制度的不断完善，20世纪末韩国电影开始崛起。一方面，1999年上映的《生死谍变》第一次压倒了好莱坞电影成为韩国当时的票房冠军，韩国本土的商业电影开始蓬勃发展；另一方面，一批水准较高的艺术电影也引起世界影坛的瞩目，几位极具才华的韩国导演开始显露锋芒。其中的代表人物就是奉俊昊。

电影《生死谍变》剧照

韩国导演奉俊昊

奉俊昊从2000年开始拍摄电影，2003年，他凭借电影《杀人回忆》获得了多个韩国电影节的荣誉，开始在韩国影坛大放异彩。3年之后，他拍摄了科幻片《汉江怪物》，一举拿下了韩国电影闯荡好莱坞的最高票房纪录。

这些影片让很多人看到奉俊昊将电影的商业性与艺术性相结合的能力，他也因此获得了执导美韩合拍电影《雪国列车》的机会。

电影《雪国列车》

2031年，人类试图阻止全球变暖的实验失败，却引发了一场气候变异，寒冷的天气造成地球上绝大部分生物死亡。在灾难中幸存下来的人登上了一列列车，这辆列车没有终点，只能依靠永动机绕着地球不停行驶。在这列列车上，车厢是按照人们的社会等级划分的，在末等车厢的人们没有尊严，还要饱受饥饿之苦。为了生存下去，在革命领袖柯蒂斯的带领下，末等车厢的人们开始一节一节车厢地向前突进，掀起了一场向车头进军的反抗之旅。

电影《雪国列车》中的不同车厢

2019年，奉俊昊拍摄了电影《寄生虫》，影片讲述了贫苦的一家四口欺骗有钱人并住进了大别墅，最后却发生种种意外的故事。该片获得了戛纳国际电影节的最高奖项——金棕榈奖，并一举拿下2020年奥斯卡的四项大奖。在颁奖典礼上，奉俊昊动情地说，这些奖项不是奖励给他一个人的，而是奖励给韩国电影的。的确，在韩国电影高速发展的20年间，诞生了诸多才华横溢的电影人，他们都在国际上获奖连连。这些导演的努力，让全世界电影人的目光转向了韩国，韩国电影发展至今，已然成为亚洲电影的一道亮丽风景线。

电影《寄生虫》中
穷人与富人的生活形成了鲜明的对比

二、印度电影

20世纪，印度人将"好莱坞"（Hollywood）开头字母"H"换成了本国电影之都孟买（Bombay）的开头字母"B"，把"好莱坞"变成了"宝莱坞"（Bollywood），用这个名字来代表一部分印度电影。在20世纪70年代，印度成为电影生产大国，从那时起，"宝莱坞"的名声逐渐大了起来。时至今日，它依然是世界上最大的电影生产基地之一，在全球范围内拥有数亿观众。

1. 印度电影的新时代

在1920年前后，印度电影工业已初具规模。随着有声电影的出现，印度人开始积极地使用电影音乐，最终他们找到了本土电影的特色——在电影中穿插大量歌舞，并在20世纪30年代迎来了第一个电影高潮。慢慢地，歌舞片成为印度电影的标志。

在印度开始生产歌舞片的同时，还有一些印度导演希望拍摄出展现生活原貌的电影，萨蒂亚吉特·雷伊（Satyajit Ray）便是其中的领军人物。他的父亲是一位著名作家，所以雷伊从小就受到了父亲的影响，对小说、诗歌很感兴趣。后来，他看到了意大利经典电影《偷自行车的人》，对电影产生了新的认识。

1955年，萨蒂亚吉特·雷伊拍摄了电影《大地之歌》，这部影片让印度观众了解到，朴素的生活中也有直抵人心的力量，它也因此开创了印度电影发展的新时代。

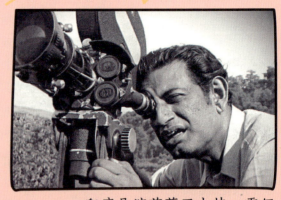

印度导演萨蒂亚吉特·雷伊

2. 宝莱坞电影风靡全球

这些年来，世界电影市场出现了一股印度电影热，《宝莱坞生死恋》《摔跤吧！爸爸》等多部影片让全球各地的观众熟悉了宝莱坞电影。如同工业化生产的好莱坞电影，宝莱坞电影里也有着经典套路——这里生产的影片大多是歌舞片，几乎每部电影里的主人公都会一边唱歌，一边跳舞；而电影的故事情节也非常相似，影片中总是穿插爱情、冒险、喜剧等元素。

电影《宝莱坞生死恋》中的经典歌舞场面

宝莱坞培养了大量的电影明星，这些明星的票房号召力甚至远在电影导演之上。其中，最有名的便是印度国宝级演员阿米尔·汗和有着"宝莱坞第一美女"之称的艾西瓦娅·雷。其中，由阿米尔·汗主演的电影《三傻大闹宝莱坞》一经上映便打破了多项票房纪录，这部影片也成为宝莱坞电影的代表作。

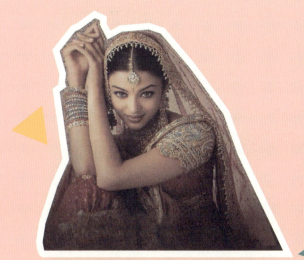

"宝莱坞第一美女"艾西瓦娅·雷

印度演员阿米尔·汗

电影《三傻大闹宝莱坞》

法罕、拉加和兰彻是同寝室的大学同学，法罕其实并不喜欢大学专业，他真正的梦想是成为一名野外摄影师，因此他的学习成绩很差；拉加的家庭十分贫困，他的家人希望他毕业后能找个好工作，但他比较笨拙，怎么学也提高不了成绩；而兰彻是一个聪明过人的天才，他不仅巧妙地整蛊了一个只会死记硬背的同学，还收获了爱情。但兰彻的身世一直是一个谜，在毕业之后，他便与两位舍友不辞而别，没有人知道他去了哪里。

10年之后，当年被兰彻整蛊的同学找了回来，他要带着拉加和法罕找到兰彻。在找寻的过程中，他们不仅回忆起大学生活的点点滴滴，还意外地发现了兰彻的身世——原来，那个他们所熟悉的天才并不是真正的"兰彻"，他一直都在假装"兰彻"。

电影《三傻大闹宝莱坞》剧照

宝莱坞电影多是热闹欢快的，因此在观赏宝莱坞电影时，观众会感觉很轻松，它就像印度的一张名片，展现出印度人的幽默、乐观和热情。

　　亚洲电影就像海滩上的贝壳，虽然每个国家的电影各有不同，但它们都有属于自己的魅力。相信在未来的日子里，亚洲电影一定会继续散发着光芒，在银幕上展现出世界第一大洲的风采与面貌。

动动手：请同学们想一想以下影片分别由哪个国家拍摄？

结合前面介绍的经典电影仔细想想哦！

A.《大地之歌》　　　　B.《寄生虫》

C.《黄土地》　　　　　D.《三傻大闹宝莱坞》

E.《雪国列车》　　　　F.《摔跤吧！爸爸》

拓展故事：
伊朗的电影大师

伊朗导演
阿巴斯·基亚罗斯塔米

在20世纪80年代，伊朗政府开始大力扶持电影创作，培养了一批年轻的导演。发展到90年代时，伊朗电影成为国际影坛的亮点，其中，核心人物是阿巴斯·基亚罗斯塔米（Abbas Kiarostami）。他将镜头对准儿童和普通民众，用清新自然的风格展现出他们的日常生活，影片充满了趣味性。法国新浪潮运动主将戈达尔对他高度评价道："电影始于格里菲斯，止于基亚罗斯塔米。"

电影《何处是我朋友的家》

1987年，阿巴斯·基亚罗斯塔米拍摄了《何处是我朋友的家》，该影片讲述了一个小学生长途跋涉为同学送作业本以免其受老师惩罚的故事。该片获得第42届洛迦诺国际电影节铜豹奖。

电影《何处是我朋友的家》剧照

这是一部引人深思的电影。

梦想要根植于现实。
——伊朗导演阿巴斯·基亚罗斯塔米

韩国电影《寄生虫》拍摄现场

10 第十课 电影的荣誉殿堂：
欧洲三大电影节

当世界上出现越来越多的电影时，人们开始希望与不同国家的朋友交流电影，所以每年在很多地方都会举办电影节。在这段时间里，来自世界各地的电影人聚在一起，分享自己拍摄的电影，选出优秀的影片，电影节还会对电影工作人员进行表彰。

夏纳国际电影节发布会

电影节是怎么选择影片的？

每个电影节都有一个负责选片的机构，电影的负责人要先报名参与电影节，然后由这个机构选出影片。

由谁评选奖项？

每年，各电影节的组委会会选择当年的评委，这些评委大多是在电影行业中具有威望的人，包含了导演、编剧、演员等不同职业的人才。在电影节期间，这些评委一起评选出奖项。

每一届电影节只有一天的时间吗？

不是的，不同的电影节持续时间不一样，但大多数电影节会举办一周以上，供人们尽情地观赏影片，交流经验。

在电影节上人们能做什么？

在电影节上，人们可以看到很多还没有正式上映的电影，也可以参加各类活动，比如红毯秀、颁奖典礼、影评人交流会等活动。同时，电影节也是一个商业交易的平台，很多制片人会在电影节上与心仪的导演进行交流，在电影方面建立一些合作，创建一些新的电影项目。

一、威尼斯国际电影节

在意大利威尼斯有一座美丽的小岛，叫作利多岛，在那里诞生了世界上第一个国际电影节——威尼斯国际电影节。

美丽的水城威尼斯

1932年，第一届威尼斯国际电影节成功举办。这届电影节共设置了7个奖项，人们不仅要选出那一年最好的导演和演员，还要选出最感人的电影和最令人快乐的电影。当时的电影节并没有专业的评委，奖项都是观众投票选出来的，因此评选结果千奇百怪，连米老鼠都差一点儿获得了最佳男主角奖。

经过不断的改进与发展，威尼斯国际电影节在1949年设立了金狮奖。这是电影殿堂的最高荣誉之一，每年评委都会把这个奖项颁发给当年最好的电影。

金狮奖奖杯
它象征着威尼斯国际电影节的最高荣誉

其实，要评判一部电影是好是坏，每个人心里都有不一样的标准。威尼斯国际电影节的评委组一般由著名的导演、制片人、编剧和演员所构成，他们会在看完一部影片后进行讨论，如果自己喜欢这部电影的话，就会投它一票。在威尼斯国际电影节的评委眼里，电影的创新是很重要的。比如，

1989年，导演侯孝贤凭借电影《悲情城市》捧起了金狮奖奖杯

梅里爱的魔术片就是一种创新，从无声电影到有声电影也是一种创新，正是因为人们不断创造新的拍摄方法和电影故事，电影才会越来越精彩。

二、夏纳国际电影节

法国是电影的诞生地，也是电影发展历史中一个非常重要的国家。在1946年，法国创立了夏纳国际电影节，它的创立目的是振兴电影行业，为世界电影人提供一个展示自己的舞台。

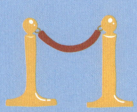

浪漫的法国小镇——夏纳

夏纳国际电影节红毯秀

法国每年5月会迎来这场电影人的盛会。来自世界各地的人们相聚在夏纳这个浪漫小镇上，在12天左右的时间里一起观赏美妙的电影，交流拍摄电影的经验。

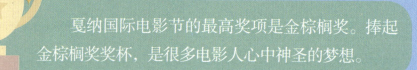

戛纳国际电影节的最高奖项是金棕榈奖。捧起金棕榈奖奖杯，是很多电影人心中神圣的梦想。

戛纳国际电影节的最高荣誉——
金棕榈奖奖杯

三、柏林国际电影节

　　1945年的夏天，战争让德国多数城市成为一片废墟，许多人躲到防空洞过夜，更多的人露宿街头。在这种情况下，所有电影院都关门了。战争结束两个月后，人们开始重建城市，电影院也随即开张。美好的电影给德国人民带来了温暖和欢乐，也让人们看到了生活的希望。

被战争破坏的柏林著名建筑——勃兰登堡门　　　　如今的勃兰登堡门

第二次世界大战后的日子里，是电影抚慰了人们受伤的心灵，政府了解到电影对于人们的重要性，希望创办一个大型的电影节。这样一方面可以促进德国与其他国家的文化交流，另一方面也可以推动电影在德国的发展。

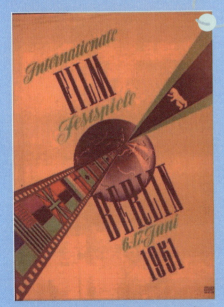

第一届（1951年）
柏林国际电影节海报

1951年6月，第一届柏林国际电影节在西柏林举办，当时只有20个国家参加了这届电影节。为了吸引更多的人前来，柏林国际电影节后续设置了露天电影、明星游行、签名大会等一系列有意思的环节，并逐渐接纳了更多国家的影片参与评选。

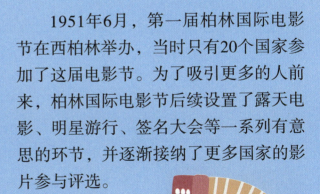

如今的柏林国际电影节现场

柏林国际电影节的最高奖项是金熊奖。1988年，《红高粱》获得了这一奖项，这是中国电影第一次获得金熊奖。

电影节的诞生，不仅鼓励了人们拍出更多的好电影，更为全世界热爱电影的人提供了一年一度的聚会。同时，电影节还是不同国家之间进行文化交流、商业合作的平台，各类奖项鼓舞着电影创作者不断进步，电影节也推动着电影艺术与电影市场的蓬勃发展。

动动脑：试想你来为学校筹办一届电影节，你会设计什么样的活动呢？

IDEA：

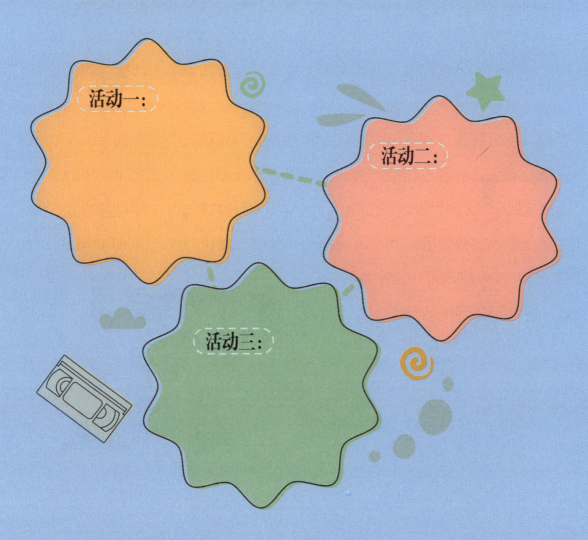

活动一：

活动二：

活动三：

拓展故事：
奥斯卡金像奖

奥斯卡金像奖，又名美国电影艺术与科学学院奖，是由美国电影艺术与科学学院主办的电影类奖项，创办于1929年。该奖项是美国历史最悠久、最具权威性和专业性的电影类奖项，也是全世界最具影响力的电影类奖项。值得注意的是，与世界三大国际电影节不同，"奥斯卡"是电影类奖项，并非电影节。

奥斯卡评审规则由两部分组成：评审机构规则和评审奖项规则。

我们可以把它想象成一个金字塔——最高层是学院主席评审团，下设14个学院分支评审团，一共有6000人左右。评审团委员由两部分组成：一部分是曾获得奥斯卡提名的人，另一部分是由至少两位评审团委员同时推荐的人。根据分支评审团的职能，各个分支的委员们会先筛选出每个奖项提名的影片。比如最佳摄影奖的提名影片，就是由摄影分支评审团的委员选出来的。在所有的提名影片中，由全部委员投票选出一部最佳影片，无论是主席还是普通委员，每人只能为一部影片投出一票。这种评审方式不仅确保了奥斯卡奖项的专业性，也保证了奖项的公正性。

"你了解中国的电影节和电影奖项吗？"

　　根据国际电影制片人协会（FIAPF）的评议，全球有15个国际A类电影节。中国的A类电影节为创办于1993年的上海国际电影节。而中国电影四大奖项是中国电影金鸡奖、大众电影百花奖、中国电影华表奖、中国电影童牛奖。其中，中国电影童牛奖于2005年并入中国电影华表奖，因此，前三个奖项又被称为中国电影三大奖项。

　　从2019年开始，中国电影金鸡奖改为一年一办，而大众电影百花奖和中国电影华表奖则是两年一办。这三个电影奖项代表着国内电影的最高荣誉，它们共同鼓舞着一代代中国电影人奋发图强，努力拍出更多优质的国产电影。

THE END

我的电影从来无意写实，
它们是镜子，是现实的片段，
几乎跟梦一样。
——瑞典导演英格玛·伯格曼

第60届戛纳国际电影节海报

第十一课 席卷全球的视觉盛宴：
商业大片时代

从人们花费1法郎走进咖啡馆观看卢米埃尔兄弟的影片起，电影就已经成为一种商品。电影天然伴随一种商业性，因此，票房对电影来说是极为重要的。人们将以票房营利为首要目的的电影称为"商业电影"。在20世纪60年代，随着电视的出现和普及，世界电影票房开始持续下跌，商业电影也因此陷入危机。

此时，好莱坞出现了两位电影导演，他们以丰富的想象力和旺盛的创造力，用作品制造出一个个"票房神话"，不仅让电影重获新生，同时开启了好莱坞的商业大片时代。

一、史蒂文·斯皮尔伯格（Steven Spielberg）

NO.1

斯皮尔伯格是20世纪新好莱坞颇具票房号召力的导演之一，也是目前全球电影票房总量排名靠前的导演。

电影导演、制作人
史蒂文·斯皮尔伯格

1952年，6岁的斯皮尔伯格在父亲的陪伴下第一次观看电影《大马戏团》，这部影片给他留下了深刻的印象。后来，16岁的斯皮尔伯格用300美元制作了一部科幻片《火光》，讲述了一个外星人入侵地球的故事。父亲为他花400美元租了一家当地电影院放映这部影片，斯皮尔伯格凭借这次放映赚到了100美元。

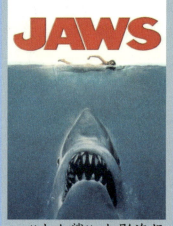

《大白鲨》电影海报

1975年，斯皮尔伯格所执导的电影《大白鲨》在美国上映。在影片中，他用一个机械制造的鲨鱼模型来充当一条真正的大白鲨，从视觉方面让观众感觉新鲜又刺激。电影一上映便打破了世界影史的票房纪录，全球票房高达4.6亿美元，这在当时可是一个天文数字！

斯皮尔伯格坐在
道具大白鲨上

电影《大白鲨》拍摄现场

在此之后，斯皮尔伯格又拍摄了电影《E.T.外星人》。这部影片讲述了一个小男孩与外星人之间的友谊故事。这个可爱的外星人形象借鉴了美国诗人桑德堡、科学家爱因斯坦、作家海明威的面孔和一只哈巴狗的脸。为了呈现外星人的身体，3位演员穿着外星人的"皮囊"进行表演。电影制作者们花了三个月的时间，才制作完成这部电影，光是制作这个外星人的形象就花费了150万美元。

《E.T.外星人》电影海报

《侏罗纪公园》电影海报

斯皮尔伯格与电影道具的合照

1993年，斯皮尔伯格拍摄了电影《侏罗纪公园》。这部影片再次刷新了世界电影票房纪录，它讲述了人类用克隆技术让恐龙复活的故事。不可思议的情节和精彩刺激的画面让人们惊叹不已，后来人们受到这部电影的启发，拍摄了一系列与恐龙相关的电影。

除了温情的儿童电影和刺激的科幻电影，斯皮尔伯格还拍摄了《辛德勒的名单》《拯救大兵瑞恩》等战争题材的电影。在这些电影中，人们看到了斯皮尔伯格对人性的思考和对人类的关怀，他也凭借这两部影片接连获得了奥斯卡最佳导演奖。

斯皮尔伯格获得奥斯卡最佳导演奖

二、乔治·卢卡斯（George Lucas）

1977年，一部名叫《星球大战》的电影成为科幻大片的崛起之作，而这部电影的导演就是乔治·卢卡斯。为了拍摄《星球大战》系列电影，他特意成立了工业光魔特效公司，开创了电影数字特效制作的新时代。

电影导演、制作人乔治·卢卡斯

在乔治·卢卡斯的少年时代，他痴迷于看电视、看漫画、改装汽车，这些爱好让他很快捕捉到了青少年喜爱的电影风格。1974年，他编写了一个关于探索的浪漫故事，并在3年的时间里拍摄完成了这部电影——这就是著名的《星球大战》。卢卡斯在拍摄中让演员站在空空的屏幕前表演，然后用计算机把背景与人物合成在一起。更加大胆的是，卢卡斯在一些电影片段里直接舍弃了摄影机拍摄，创造出了一个完全用计算机技术合成的角色，这是电影制作中的一个创举。

电影《星球大战》剧照

在《星球大战》的试映会上，卢卡斯向前来观影的朋友询问意见，但他们并不看好这样一部天马行空的影片。只有斯皮尔伯格鼓励他说："这部电影可以赚一些钱！"

电影《星球大战》剧照

令人想
不到的是，
《星球大战》
在正式上映后受到
了人们的狂热追捧。电
影中炫目的特效让观众叹
为观止，尤其是青少年观众都
被这个骑士神话吸引。最终，这部
影片在全球一共收获了将近8亿美元的
票房，刷新了之前斯皮尔伯格导演所保持
的影片票房纪录。《星球大战》的成功，催生
出了各种电影周边小说、玩具、游戏，卢卡斯也因
此建立起了庞大的商业帝国。

三、詹姆斯·卡梅隆（James Cameron）

在斯皮尔伯格和卢卡斯的高成本电影大获成功之后，一位名叫詹姆斯·卡梅隆的卡车司机看了《星球大战》。他意识到成为一名电影导演就是自己的真正梦想，因此卡梅隆很快辞去了工作，开始学习制作电影特效。

电影导演、制作人詹姆斯·卡梅隆

1984年，詹姆斯·卡梅隆拍摄了他的成名作——科幻电影《终结者》。在影片中，机器人掌控了未来世界，但遇到顽强抵抗的人类领袖康纳。于是，终结者机器人T-800受命回到1984年，从此开始了一场人类与机器人之间的较量。

虽然这部影片拍摄成本并不高，但卡梅隆依然用紧张的故事情节和精彩的动作戏牢牢吸引住了观众的眼球。同时，这部影片还诞生了电影史上的经典台词——"我会回来的！"

在此之后，卡梅隆拍摄了电影《真实的谎言》，这部电影在国际市场上的票房达到2.8亿美元。但卡梅隆并没有因此满足，在20世纪末，他拍出了经典灾难电影《泰坦尼克号》，这部影片讲述了一对年轻人在巨轮沉没之时的爱情故事。

电影《泰坦尼克号》

在电影拍摄过程中，卡梅隆遇到了很多困难，但他还是坚持了下来。在特效制作上，卡梅隆使用了油画手绘特效和数字特效相结合的方式，让观众看到了浪漫的海景和巨轮沉没的壮观景象。《泰坦尼克号》上映后，在全球的票房超过18亿美元，成为1997年至2010年票房最高的电影。同时，这部影片获得了奥斯卡的11个奖项，成为20世纪末很受欢迎的电影。

2008年，卡梅隆拍摄了电影《阿凡达》，这部影片中令人惊叹的特效制作，给观众带来了身临其境的独特感受，很快在全世界掀起了3D（Three Dimensional，三维立体）电影的潮流。

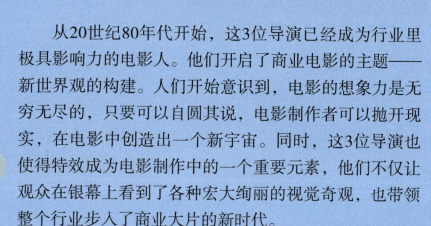

电影《阿凡达》剧照

从20世纪80年代开始，这3位导演已经成为行业里极具影响力的电影人。他们开启了商业电影的主题——新世界观的构建。人们开始意识到，电影的想象力是无穷无尽的，只要可以自圆其说，电影制作者可以抛开现实，在电影中创造出一个新宇宙。同时，这3位导演也使得特效成为电影制作中的一个重要元素，他们不仅让观众在银幕上看到了各种宏大绚丽的视觉奇观，也带领整个行业步入了商业大片的新时代。

动动手：看看电影《阿凡达》和《E.T.外星人》中的外星人形象，他们是你想象中的外星人吗？

在你的脑海中，外星人是一个什么样的形象呢？发挥你的创造力，试着在画框中画出你想象中的外星人形象。

HAND:

电影《阿凡达》中的外星人　　　　电影《E.T.外星人》中的外星人

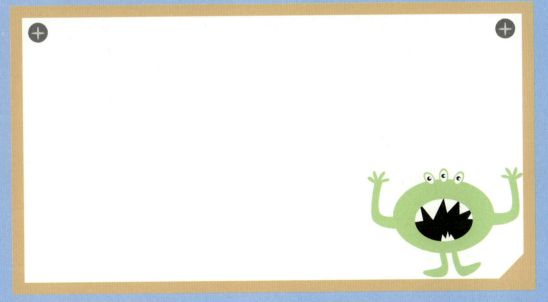

拓展故事：
好莱坞八大电影公司

伴随着好莱坞制片业的发展，一种工业化的电影生产模式开始确立。为了垄断整个电影市场，好莱坞在20世纪30年代掀起了一股兼并浪潮，逐渐形成了八大电影公司，它们分别是米高梅、派拉蒙、华纳兄弟、20世纪福克斯、雷电华、环球、联美、哥伦比亚。这些电影公司规模巨大，设备齐全，每个公司都建有豪华的摄影棚和影视基地，并集合了全球各地的电影人才，成为一个个以商业为核心的电影"独立王国"。

1951年，受到电视行业的冲击，雷电华公司退出电影圈，转向无线和有线电视行业进行发展。华特迪士尼（简称"迪士尼"）公司异军突起，成为新八大电影公司之一，并在2019年以713亿美元的价格收购了20世纪福克斯公司。哥伦比亚电影公司和米高梅电影公司则被索尼影视公司收购，2021年，米高梅电影公司又被亚马逊公司收购。随着近年来大公司不断收购、合并，八大电影公司也成为历史，如今这一名称已不复存在。

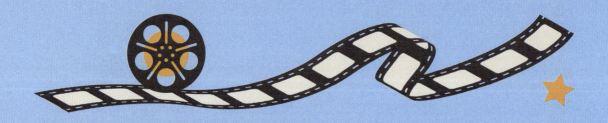

在电影发展的过程中，这些电影公司创造出了一个个观众耳熟能详的人物形象和经典影片，在电影市场上赚取了巨额财富。我们在电影的片头经常能看到曾经的八大电影公司的标志，这些品牌标志甚至成为电影的质量保证。

仔细想想你看过的电影有哪些出自这八大公司呢？

THE END

电影

是一门工业。

——法国作家安德烈·马尔罗（André Malraux）

电影《星球大战》拍摄现场

12 第十二课 未来会是什么样子：
电影的无限可能

电影是出现较晚的一门艺术，也是与社会生活和科技进步关系最紧密的一门艺术。电影发展至今，已经从人们眼里的新鲜事物变成了生活的调味剂。那么，未来的电影是什么样子的呢？

其实，没有人知道电影以后会朝着什么方向发展，但我们可以通过历史上电影发展的趋势，尽情地展望未来电影的模样。

一、电影媒介的多元化

随着互联网技术的迅猛发展和普及，从21世纪初开始，人们逐渐改变观影的方式。以前，人们只能被动地观看片方限时上映的电影，对观众来说，看电影没有什么选择空间。而现在却不一样了，人们可以用计算机、手机，随时随地观看自己想看的电影，这种变化都是流媒体的功劳。

什么是流媒体？

流媒体（streaming media）是指将一连串的媒体数据压缩后，经过网上分段发送数据，在网上即时传输影音以供观赏的一种技术与过程。当观众在收看这些影音文件时，影音数据在送达观众的计算机后立即由特定播放软件播放。

也就是说，我们能方便地看到各种视频网站上的电影，都是由于流媒体技术的出现。

世界知名流媒体平台

在国内的流媒体市场中，流媒体播放平台为网络用户提供了大量影视剧集与综艺节目，让人们可以随时随地点播自己想看的视频内容。近年来，这些平台都先后推出了自制剧与自制综艺，这些剧集与综艺也获得了很多观众的喜爱，为平台带来了巨大的流量支撑。

美国奈飞公司（Netflix）作为全球较大的流媒体播放平台之一，制作出大量优质原创剧集。由它发行的《罗马》《爱尔兰人》等电影接连获得好评，获得了诸多电影节以及奥斯卡的奖项。

由奈飞公司发行的电影《罗马》

在100多年前，人们为了观看一部影片需要大排长龙，而如今，网络与投影技术的发展已经让人们能够足不出户地看电影。再加上网络平台中的新元素（弹幕、评论）为用户营造出了一种公共的观影环境，现在的人们不仅可以随意点播自己想看的影片，也可以与天南地北的观众进行交流。

二、电影审美的变化

世界上第一部电影只有短短不到1分钟的时间。随着电影技术与电影观念的不断完善，电影时长越来越长，人们也慢慢地养成了看长片的习惯。

　　而21世纪以来，生活节奏越来越快，人们对观看长片的耐心逐渐降低了。同时，通过网络人们可以快速了解到更多的信息——从前人们了解这个世界的方式是报纸、广播、电视，而现在的信息来源主要是互联网。因此，信息变得像碎片一样，在人们的生活里进行着快速传播。这种变化也影响了视频的发展——网络上的视频时长变得越来越短，数量越来越多，人们将这种时长短、传播速度快的视频统称为"短视频"。

从短视频的来源来看，主要分为两大类：
第一种是播放平台出品的短片；
第二种是用户自己拍摄、自己发布的短视频。

系列短剧《还不快走》剧集海报

短视频的流行让人们再次看起了短片，与100多年前不同的是，如今，人们不仅可以作为观众看电影，也可以作为导演来拍摄电影。越来越多的人开始用视频记录、分享自己的生活，短视频时代让每个人都可以成为生活的导演。

三、电影与游戏

在电影中，观众看到了许多不可思议的故事和精彩过瘾的画面。而与此同时，电子游戏也进入了人们的业余生活。如同电影一样，游戏用声音和画面刺激着人们的感官，为人们构建起一个充满想象力的新世界。

电子游戏与电影最大的不同之处在于，人们可以参与游戏，进入游戏世界里。为了使电影也拥有这样的效果，电影制作者做出了各式各样的努力。

1. 立体电影

1839年，英国科学家查尔斯·惠特斯通（Charles Wheatstone）爵士根据"人类两只眼睛成像不同"的原理发明了一种立体眼镜，它能让人们的右眼和左眼在看到同样的物体时产生细微的差别，在大脑中形成立体画面的错觉，后来电影制作者受到启发，开始拍摄具有立体效果的电影。

什么是立体电影？

立体电影也就是3D电影，观众在戴上立体眼镜之后，会感觉电影中的情景尤为真实，银幕上的画面充满了立体感。

在1952年，好莱坞推出了一部讲述非洲探险的电影《非洲历险记》，这部影片被认定为史上第一部真正的立体长片。尽管当时有很多人觉得这是故弄玄虚，但还是有不少人满怀热情地走进电影院，以一种崭新的方式来观看影片。

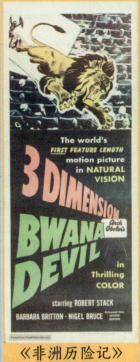

但在以后的几十年里，3D电影并没有得到很好的发展，一方面是因为技术的限制，另一方面是因为电影人觉得3D技术只是一种小把戏，它的出现破坏了电影的艺术性。

《非洲历险记》
电影海报

而商业大片时代的到来改变了这一切，2009年，导演詹姆斯·卡梅隆所拍摄的电影《阿凡达》上映，它是有史以来制作规模最大、技术最先进的3D电影，在上映之后大获成功，成为当时世界票房最高的电影。

《阿凡达》电影剧照

在此之后，3D电影便得到了突飞猛进的发展，它极大地丰富了电影的表现形态，同时也影响了人们对待电影的态度——人们走进电影院，不仅仅是为了观赏电影，更是为了得到具有代入感的娱乐享受。

立体电影效果图

2. VR技术

VR电影概念图

什么是VR？

　　"VR"是Virtual Reality的缩写，中文的意思是虚拟现实。当人们戴上立体眼镜、数据手套等特制的传感设备，面对一种三维的模拟现实时，似乎置身于一个具有视觉、听觉、触觉甚至嗅觉的感官世界。

　　VR技术的出现可能会完全改变电影的形态——VR电影也许能让人足不出户，只需佩戴好一副眼镜，就能得到沉浸式体验，同时，观众又能与银幕上的人物互动，参与剧情发展，成为电影中的主人公。

3. 游戏般的电影

　　现今，很多游戏场景变得电影化，不少电影也正在朝着游戏方向发展，比如2018年美国导演斯皮尔伯格拍摄的电影《头号玩家》：影片讲述了一个人们在虚拟世界里不断通关、实现梦想的故事。

电影《头号玩家》

　　作为一门技术性的艺术，电影的发展潜力是巨大的。也许在不远的未来，科技会彻底改变电影的形态；也许在那时，电影院也将不复存在，人们只需要佩戴一副眼镜，便可以进入电影的世界。又或许当那一天来临，人们会怀念在电影院安静欣赏一部电影的日子。

动动脑：如果你是一位设计师，现在需要你来设计一个全新的电影院，你会有什么想法呢？比如，设计一个"飞椅"，当电影里的主人公在天空中翱翔的时候，观众也能同时飞起来。试着开动你的脑筋，在下面写下你的想法吧。

IDEA：

拓展故事：
互动电影的发展

　　从电影诞生之日起，它便像其他门类的艺术一样，是一种带有强制性的艺术形式——人们常常说电影就是造梦机，但这个梦却是被电影制作者预先创作好的，观众只能被动地观看电影，却不能改变电影中的任何要素。

　　而你有没有想过，在某一天，自己可以成为电影里的主人公，操控电影中的一切呢？试想一下，你可以自由地选择电影中的角色，安排故事的发展走向，与其他角色进行互动；此时的你既是一名观众，又是一位导演，还是影片中的一名演员。

　　这便是互动电影的基本概念——观影者能够成为电影中的角色，介入电影的环境，并持续产生交互作用。最早的互动电影出现在1967年的蒙特利尔世界博览会上，观看电影的观众可以按下红色或绿色的按钮进行投票，依照投票结果，电影会选择一条线路进行播放。在20世纪90年代，加拿大和美国的一些影院中也对互动电影模式做过尝试——第一种方式是先把一些冒险游戏拍成真实的电影，每位观众都配有一个遥控器，人们可以按照自己的想法选择不同的故事线路；第二种方式则是把游戏竞赛直接搬到影院银幕上。但由于这两种方式的技术成本较高，可选择的线路也只有几种，互动电影在当时并没有得到长远的发展。

随着21世纪的到来，电影技术也进入了数字化时代，这使得互动电影很有可能成为电影的重要发展方向一也许在不远的将来，观众只需要购买一张电影票，便可以坐在电影院里，选择电影中的任意一个角色，按照自己的想法改变电影世界中的一切轨迹。这就意味着电影不再是一种受限的艺术形式，而真正能够为人类构建一个无边无际、天马行空的神秘世界。

THE END

梦想
始于剧本，
而终结于电影。
——美国电影导演乔治·卢卡斯

电影《头号玩家》剧照

附录一

小手工

裁一裁

1

2

3

4

8
5

9
6

7

8

9

10

11

12

请同学们裁剪下图片，注意图片顺序哦！

附录二

（一）动动手

1. 空鱼缸 ×3

2. 一棵树 ×3

3. 一条小鱼 ×1

4. 一只小鸟 ×1

5. 一名潜水员 ×1

6. 一片树叶 ×1

贴一贴

153

（二）会动的"月球叔叔"

1. 微笑

2. 大笑

3. 生气

4. 悲伤

5. 疑惑

附录三

故事接龙规则 老师选择一个故事开头，然后由学生一人一句话，将这个故事讲下去。

故事开头

1. 一个人坐在房间里，此时响起了敲门声……

2. 王明在公交车站等车的时候，一个人冲了过来，往他手里塞了一样东西……

3. 学校里的保安小张在夜间巡逻的时候，发现一间教室里还亮着灯，他走了过去……

附录四

辩论赛题目：电影的未来该何去何从？

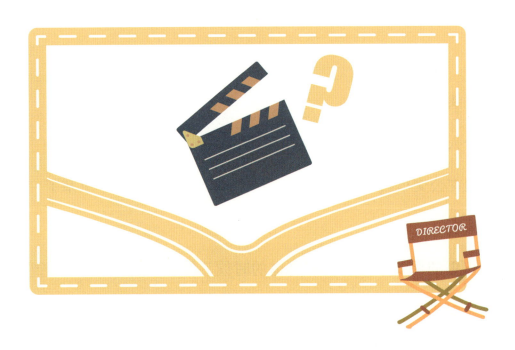

正方观点： 观众可以像玩游戏一样参与剧情的发展，改变电影的结局。

反方观点： 观众只需要欣赏导演的安排，沉浸在电影中并享受剧情。